매일 스스로 공부하는

맞춤법 어휘력

4단계
초등 3~4학년

꿈씨앗연구소 지음

BM (주)도서출판 성안당

머리말

독해력의 기본은 어휘력입니다

글을 읽고 뜻을 이해하는 능력을 '독해력'이라고 합니다. 독해력은 모든 학습에 있어 가장 중요한 능력입니다. 독해력을 키우기 위해서는 언어의 기본인 어휘력이 필요합니다. 이 책은 학년별로 알아야 할 필수 어휘들을 학습하고 활용할 수 있도록 구성되어 있어 국어 실력뿐만 아니라 모든 학습 능력의 향상에 도움이 됩니다.

글쓰기의 기본은 올바른 맞춤법입니다

일기, 독후감과 같은 글쓰기뿐만 아니라 학교의 평가 방식이 주관식이나 서술형으로 바뀌면서 글쓰기가 더욱 중요해지고 있습니다. 내용이 아무리 좋아도 맞춤법과 띄어쓰기가 엉망이면 좋은 점수를 받기 어렵습니다. 좋은 글의 첫걸음은 올바른 맞춤법과 적절한 어휘 사용입니다.

스스로 하는 공부가 가장 효과적입니다

어떻게 하면 가장 효과적으로 공부할 수 있을까요? 그것은 바로 어린이들 스스로 재미있게 공부하는 것입니다. 이 교재는 교과서에서 뽑은 필수 어휘들과 자주 헷갈리는 맞춤법, 띄어쓰기, 국어 문법, 배경 지식 등을 쉽고 재미있게 학습하도록 구성되어 있습니다.

학년별로 교과 과정과 발달 수준에 맞게 각 단계가 구성되어 있지만, 아이의 수준에 맞는 단계부터 차근차근 학습하길 바랍니다.

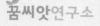

책은 많이 읽는 것보다 제대로 읽어야 합니다

대다수 아이들이 초등학교 입학 전부터 책도 많이 읽고 한글 교육도 받습니다. 하지만 이러한 높은 교육열과 상관없이 글을 읽고 이해하는 데 어려움을 겪는 아이들이 점점 늘고 있습니다. 글을 읽을 수 있다고 해서 내용까지 완벽하게 이해하는 것은 아닙니다. 하루에 책 10권을 읽더라도 제대로 읽지 않으면 아무 소용이 없습니다. 제대로 읽는다는 것은 글을 글자로만 읽고 넘어가는 것이 아니라 머리로 이해하며 읽는 것을 의미합니다. 글을 제대로 이해하는 읽기 능력은 바로 어휘력에 따라 결정됩니다. 어휘력은 단기간에 높일 수 있는 능력이 아니므로 매일 꾸준히 익히고 활용해야 합니다. 이 책을 통해 어린이들이 어휘를 재미있게 배우기를 기대합니다.

영선초등학교 교사 이현승

독해력이 학습 능력을 좌우합니다

초등학교 때까지 국어 성적이 좋았던 학생도 중학교에서 성적이 떨어지는 경우가 많습니다. 중학교 국어는 어휘의 수준도 높아지고, 내용도 어려워지므로 독해력이 부족한 학생의 경우 많이 힘들어합니다. 독해력은 학업 성취도의 기본이자 핵심입니다. 읽어도 무슨 뜻인지 모른다면 공부하기 싫어지고 결국 학습 능력도 떨어집니다. 어휘력은 글을 이해하는 가장 중요한 요인입니다. 어휘를 얼마나 많이 알고 있느냐에 따라 지식이 확장되고 독해력도 향상됩니다. 하지만 독해력과 어휘력은 단시간에 키울 수 없으므로 초등학교 6년 동안 차근차근 실력을 쌓아야 합니다. 이렇게 쌓인 국어 실력은 평생 영향을 미칩니다. 이 책이 어린이들의 국어 실력을 키우는 훌륭한 조력자가 되길 바랍니다.

갈산중학교 국어 교사 김혜정

이 책의 구성과 특징

 ## 어려운 낱말부터 배경 지식까지 일석이조

교과 과정에 나오는 기본 낱말부터 다양한 배경 지식까지 배울 수 있게 구성하였습니다.

 ## 다양한 어휘 재미있게 공부하기

선 긋기, 초성 퀴즈, 낱말 찾아 문장 완성하기와 같은 재미있는 방법으로 다양한 어휘를 배우며, 실전 예문을 통해 표현력도 키울 수 있습니다.

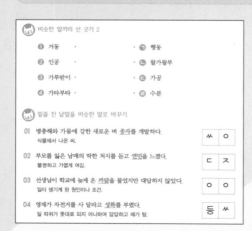

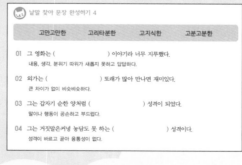

헷갈리는 맞춤법 완벽하게 이해하기

틀린 낱말 찾아 바르게 고치기

다음 문장에서 잘못된 맞춤법 찾아 밑줄을 긋고 바르게 고치세요.

01 환엽이가 널판지 다섯 장을 격파하였다. ( )

02 친구는 고작 과자 하나를 주면서 쩨쩨하게 굴었다. ( )

03 그는 자신이 범인이 아니라며 손사레를 쳤다. ( )

04 이 문제를 해결할 수 있는 좋은 꽤가 생각났다. ( )

05 간난아이가 엄마 품에 안긴 채 쌔근쌔근 자고 있다. ( )

헷갈리는 낱말에서 맞게 고르기

문장을 잘 읽어 보고 두 개 중 맞춤법에 맞는 낱말을 고르세요.

01 늦잠을 자서 아침 식사를 [거르는 / 걸르는] 경우가 많다.

02 몸이 아프다는 [핑계 / 핑게]로 학원을 가지 않았다.

03 부드러운 깃털로 발바닥을 [간지르다 / 간질이다].

04 [귓속 / 귀속]을 함부로 후비면 안 된다.

05 조각칼로 나무를 [깍아 / 깎아] 인형을 만들었다.

 ## 띄어쓰기 원칙 이해하고 활용하기

많이 틀리는 띄어쓰기 사례들을 체계적으로 배우고, 실전 연습을 통해 보다 확실하게 익힙니다.

'대로' 띄어 쓰거나 붙여쓰기

대로 (띄어쓰기)	어떤 모양이나 상태와 같이. 동사 다음에 나오는 의존 명사이므로 앞말과 띄어 씀. ⑩ 시를 · 느낀 · 대로 · 표현해라.
-대로 (붙여쓰기)	앞말이 가리키는 것을 따른다는 의미. 명사 다음에 나오는 조사이므로 붙여 씀. ⑩ 부모님의 · 뜻대로 · 하기로 · 했다.

01 그는명령하는대로움직였다.

02 배운방법대로요리를했다.

'만큼' 띄어 쓰거나 붙여쓰기

만큼 (띄어쓰기)	앞말이 뒤에 나오는 내용의 원인이나 근거가 되는 경우. 동사 다음에 나오는 의존 명사이므로 앞말과 띄어 씀. ⑩ 노력한 · 만큼 · 좋은 · 결과가 · 나온다.
-만큼 (붙여쓰기)	앞말과 비슷한 크기나 정도를 나타내는 조사 역할이므로 붙여 씀. ⑩ 조개가 · 손바닥만큼 · 크다.

01 그영화는기대만큼재미있지는않았다.

02 남에게받은만큼돌려주자.

띄어쓰기 실전 연습

다음 문장들을 띄어쓰기에 맞게 다시 쓰세요.

01 미세먼지에대한대책이계획대로시행되지않았다.

02 공연장은숨소리가들릴만큼조용했다.

03 국회의원들은약속한대로공약을지켜야한다.

04 산에서만난멧돼지는사람만큼키가크고무서워보였다.

05 경주에최씨성을가진아주큰부자가살았습니다.

06 꽤무거워보이는종이상자가서른개쯤있었다.

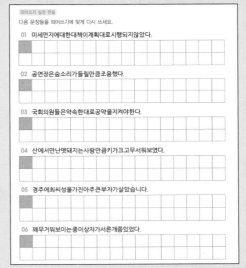

 ## 혼동되는 낱말 바로 익히기 & 속담과 관용어 익히기

1-5 비슷해 보이지만 서로 다른 낱말

알갱이와 **알맹이**

알갱이: ① 곡식의 낱알이나 열매의 낱개.
② 작고 동그랗고 단단한 물질.

알맹이: 물건을 싸고 있는 껍데기나 껍질을 벗기고 남은 속 부분.

실전 예문

01 땅콩 ____   02 쌀 ____

03 호두 ____   04 모래 ____

05 보리 ____   06 소라 ____

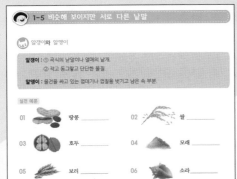

1-8 글쓰기 실력 키우는 속담·관용어

일기나 독후감 등과 같은 실생활 글쓰기에 속담과 관용어를 사용하면 훨씬 더 풍부한 표현을 할 수 있습니다. 관용어란, 둘 이상의 낱말이 합쳐져 새로운 의미로 쓰이는 표현입니다. 다음 예문을 읽고 내용과 어울리는 속담과 관용어를 찾아 문장을 완성해 주세요.

눈   입에   깜짝   하나   거미줄   밝혀
딱지가   귀가   귀에   눈에   앓아서

◎ 가난하여 먹지 못하고 오랫동안 굶다.
> 설마 산 (입에) (거미줄) 치겠냐?

01 잊히지 않고 자주 눈에 떠오르다.
> 울던 아이가 ( ) ( ) 차마 떠날 수 없었다.

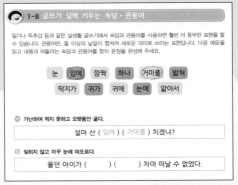

목 차

맞춤법 어휘력

이 책은 어린이 스스로 재미있게 공부하도록 구성되어 있습니다. 다음에 소개되는 방법을 참고하면 누구나 어휘 왕이 될 수 있습니다.

 ## 틀린 답을 완전한 내 것으로 만들기

이 책은 정답을 맞히기 위한 교재가 아니라 내가 무엇을 알고, 모르는지를 확인할 수 있는 교재입니다. 틀린 답은 자신이 몰랐던 것을 알려 주는 고마운 존재이므로 잘 모르거나 틀린 문제로 예문을 만들어 완전히 이해하고 넘어갑니다.

 ## 나만의 어휘 사전 만들기

책이나 글을 읽다가 모르는 낱말이 나오면 사전에서 의미를 찾습니다. 낱말로 만든 예문도 읽고, 비슷한 말과 반대말까지 읽는다면 보다 풍부하게 어휘를 확장하여 배울 수 있습니다.

 ## 배운 낱말과 표현은 꼭 사용해 보기

새로 알게 된 낱말이나 좋은 표현은 일기나 독서록 등과 같은 글을 쓸 때 꼭 써 봅니다. 아무리 어려운 어휘라도 몇 번 쓰다 보면 자연스럽게 쓸 수 있게 됩니다.

맞춤법 • 어휘력 국어 실력 1단원

 1-1 알면 쓸모 있는 낱말 익히기

 수의 범위 어림하기 1

수량이나 정도가 일정한 기준보다 많거나 적은 것을 나타내는 낱말에 대해 알아보겠습니다.
'이상'과 '이하'는 기준을 포함하고, '초과'와 '미만'은 기준을 포함하지 않습니다.

미만	이상	초과	이하

01 ☐☐ 수량이나 정도가 일정한 기준보다 더 많거나 나은 것. 기준이 범위에 포함되면서 그 위를 가리킨다.

02 ☐☐ 수량이나 정도가 일정한 기준보다 더 적거나 모자란 것. 기준이 범위에 포함되면서 그 아래를 가리킨다.

03 ☐☐ 정한 수량이나 정도에 미치지 못하는 것. 기준이 범위에 포함되지 않으면서 그 아래를 가리킨다.

04 ☐☐ 일정한 수나 한도 따위를 넘는 것. 기준이 범위에 포함되지 않으면서 그 위를 가리킨다.

기초 연습 다음 문제를 읽고 해당하는 숫자들을 쓰세요.

01 5 이상 ~ 10 이하에 포함되는 모든 숫자를 쓰세요. (   )

02 7세 이상 ~ 10세 미만에 포함되는 모든 나이를 쓰세요. (   )

03 10번 초과 ~ 15번 이하에 포함되는 모든 번호를 쓰세요. (   )

수의 범위 어림하기 2

앞에서 배운 '이상, 이하, 초과, 미만'을 실제로 활용해 보겠습니다. 다음 놀이기구 탑승 조건을 읽고 아래 문제를 풀어 보세요.

놀이기구 탑승 조건

10세 이상

30kg 이상 ~ 40kg 이하

145cm 이상 ~ 150cm 미만

실전 연습 어린이의 조건과 탑승 조건을 비교해 맞는 답을 고르세요.

- 이름 : 이서현
- 나이 : 11세
- 몸무게 : 40kg
- 키 : 145cm

- 이름 : 김준수
- 나이 : 12세
- 몸무게 : 42kg
- 키 : 150cm

서현이는

01 서현이의 나이는 탑승 조건에 (포함 / 불포함)된다.

02 서현이의 몸무게는 탑승 조건에 (포함 / 불포함)된다.

03 서현이의 키는 탑승 조건에 (포함 / 불포함)된다.

준수는

04 준수의 나이는 탑승 조건에 (포함 / 불포함)된다.

05 준수의 몸무게는 탑승 조건에 (포함 / 불포함)된다.

06 준수의 키는 탑승 조건에 (포함 / 불포함)된다.

1-2 어휘력 키우는 비슷한 말과 반대말

🐱 비슷한 말끼리 선 긋기 1

❶ 억압 ·　　　·　ㄱ 천금

❷ 궤변 ·　　　·　ㄴ 강압

❸ 개량 ·　　　·　ㄷ 개선

❹ 거금 ·　　　·　ㄹ 역설

🐱 비슷한 말끼리 선 긋기 2

❶ 거동 ·　　　·　ㄱ 행동

❷ 인공 ·　　　·　ㄴ 왈가왈부

❸ 가루받이 ·　　　·　ㄷ 가공

❹ 가타부타 ·　　　·　ㄹ 수분

 밑줄 친 낱말을 비슷한 말로 바꾸기

01 병충해와 가뭄에 강한 새로운 벼 <u>종자</u>를 개발하다.
식물에서 나온 씨.

ㅆ	ㅇ

02 부모를 잃은 남매의 딱한 처지를 듣고 <u>연민</u>을 느꼈다.
불쌍하고 가엾게 여김.

ㄷ	ㅈ

03 선생님이 학교에 늦게 온 <u>까닭</u>을 물었지만 대답하지 않았다.
일이 생기게 된 원인이나 조건.

ㅇ	ㅇ

04 영재가 자전거를 사 달라고 <u>성화</u>를 부렸다.
일 따위가 뜻대로 되지 아니하여 답답하고 애가 탐.

등	ㅆ

반대말끼리 선 긋기 1

❶ 길조 ·　　　　· ㉠ 만성

❷ 급등 ·　　　　· ㉡ 흉몽

❸ 급성 ·　　　　· ㉢ 급락

❹ 길몽 ·　　　　· ㉣ 흉조

 반대말끼리 선 긋기 2

❶ 과대평가 ·　　　　· ㉠ 승인하다

❷ 거부하다 ·　　　　· ㉡ 종료하다

❸ 고귀하다 ·　　　　· ㉢ 과소평가

❹ 개시하다 ·　　　　· ㉣ 비천하다

 밑줄 친 낱말을 반대말로 바꾸기

01　인터넷으로 시간과 공간을 초월해 정보를 <u>공유</u>하게 되었다.
　　두 사람 이상이 어떤 것을 함께 가지고 있음.

독	ㅈ

02　선생님은 화단 <u>가장자리</u>에 채송화를 심으셨다.
　　어떤 것의 둘레나 끝이 되는 부분.

ㅈ	ㅅ

03　정월 대보름에 <u>풍년</u>을 기원하는 여러 가지 행사를 한다.
　　농사가 잘되어 다른 해보다 수확이 많은 해.

ㅎ	ㄴ

04　거짓말을 한 것이 들통나면 그 사람에 대한 <u>믿음</u>이 깨진다.
　　어떤 사실이나 사람을 믿는 마음.

ㅂ	ㅅ

05　이 등산로는 당분간 일반인에게 <u>개방</u>하지 않는다.
　　어떠한 공간을 자유롭게 드나들고 이용하게 함.

ㅍ	ㅅ

1-3 표현력 키우는 다양한 낱말 모음

낱말 찾아 문장 완성하기 1

달짝지근한	뭉근한	시큼한	들쩍지근한

01 냉장고를 여니 (　　　　　　　) 김치 냄새가 코를 찔렀다.
맛이나 냄새 따위가 조금 시다.

02 나는 (　　　　　　　) 솜사탕을 좋아한다.
약간 달콤한 맛이 있다.

03 설탕이 많이 들어가 호박죽에서 (　　　　　　　) 맛이 났다.
맛있지 않게 단맛이 나다.

04 설렁탕은 (　　　　　　　) 불에서 오래 끓여야 맛있다.
세지 않은 불기운이 끊이지 않고 꾸준하다.

낱말 찾아 문장 완성하기 2

옹졸한	방임한	당돌한	관대한

01 애완동물을 (　　　　　　　) 사람들이 늘고 있다.
돌보거나 간섭하지 않고 제멋대로 내버려 두다.

02 처음 저지른 실수라 (　　　　　　　) 처벌을 받았다.
마음이 넓고 이해심이 많다.

03 그는 작은 일로 화를 낼 만큼 (　　　　　　　) 사람은 아니다.
마음이 너그럽지 못하고 생각이 좁다.

04 조그만 소년의 (　　　　　　　) 태도에 말문이 막혔다.
겁내거나 어려워하지 않고 당당하다.

낱말 찾아 문장 완성하기 3

껄렁한	온화한	진지한	부산한

01 모나리자의 (　　　　　) 미소가 신비롭다.
　　성격이나 태도가 온순하고 부드럽다.

02 시장은 장사를 준비하는 상인들의 (　　　　　) 소리로 가득했다.
　　급하게 서두르거나 시끄럽게 떠들어서 어수선하다.

03 청중들은 (　　　　　) 표정으로 강의를 듣고 있었다.
　　태도나 성격이 신중하고 성실하다.

04 그는 주머니에 손을 넣은 채 (　　　　　) 태도로 말하고 있다.
　　말이나 행동이 들떠 미덥지 아니하고 허황되다.

 낱말 찾아 문장 완성하기 4

광범위한	독특한	근엄한	괴팍한

01 그 꽃에서는 처음 맡아 보는 (　　　　　) 냄새가 났다.
　　특별하게 다르다.

02 보고서를 정확하게 쓰려면 (　　　　　) 자료가 필요하다.
　　범위가 넓다.

03 그 아이는 (　　　　　) 성격 탓에 친구가 없다.
　　붙임성이 없이 까다롭고 별나다.

04 선생님은 (　　　　　) 말투로 꾸짖으셨다.
　　표정이나 태도가 신중하고 엄숙하다.

1-4 헷갈리는 맞춤법 완전 정복

틀린 낱말 찾아 바르게 고치기

다음 문장에서 잘못된 맞춤법 찾아 밑줄을 긋고 바르게 고치세요.

01 환엽이가 널판지 다섯 장을 격파하였다.   (   )

02 친구는 고작 과자 하나를 주면서 째째하게 굴었다.   (   )

03 그는 자신이 범인이 아니라며 손사레를 쳤다.   (   )

04 이 문제를 해결할 수 있는 좋은 꽤가 생각났다.   (   )

05 간난아이가 엄마 품에 안긴 채 쌔근쌔근 자고 있다.   (   )

헷갈리는 낱말에서 맞게 고르기

문장을 잘 읽어 보고 두 개 중 맞춤법에 맞는 낱말을 고르세요.

01 늦잠을 자서 아침 식사를 [거르는 / 걸르는] 경우가 많다.

02 몸이 아프다는 [핑계 / 핑게] 로 학원을 가지 않았다.

03 부드러운 깃털로 발바닥을 [간지르다 / 간질이다].

04 [귓속 / 귀속] 을 함부로 후비면 안 된다.

05 조각칼로 나무를 [깍아 / 깎아] 인형을 만들었다.

1-5 비슷해 보이지만 서로 다른 낱말

 알갱이**와** 알맹이

> **알갱이** : ① 곡식의 낟알이나 열매의 낱개.
> ② 작고 동그랗고 단단한 물질.
>
> **알맹이** : 물건을 싸고 있는 껍데기나 껍질을 벗기고 남은 속 부분.

실전 예문

01 땅콩 _____

02  쌀 _____

03 호두 _____

04 모래 _____

05 보리 _____

06 소라 _____

 닫다**와** 닿다

> **닫다** : 열린 문짝, 뚜껑, 서랍 따위를 도로 제자리로 가게 하여 막다.
>
> **닿다** : 어떤 물체가 다른 물체에 맞붙어 사이에 빈틈이 없게 되다.

실전 예문

01 천장이 얼마나 낮은지 손을 뻗으면 손이 (닫는다 / 닿는다).

02 먼지가 들어가지 않도록 냄비 뚜껑을 (닫다 / 닿다).

1-6 의존 명사 띄어쓰기

한글 맞춤법의 기본 원칙은 '각 단어는 띄어 씀을 원칙으로 한다.'입니다. 이처럼 독립된 뜻을 가진 모든 낱말은 띄어 써야 합니다. 특히 친구, 사탕, 우정 등과 같이 사물의 이름을 의미하는 명사는 띄어 씁니다.

독립적인 의미를 가지는 명사와 비슷한 역할을 하는 의존 명사도 모두 띄어 씁니다. 의존 명사는 명사와 달리, 다른 낱말과 함께 써야 그 의미가 분명해집니다. 비록 의존 명사가 다른 낱말에 의존하지만, 명사처럼 쓰이므로 띄어 씁니다.

다음 예문에 있는 '것'과 '수'가 바로 의존 명사입니다.

01

> 여기는∨먹을∨**것**이∨많다.

것 : 사물, 일, 현상 따위를 추상적으로 이르는 말.

02

> 너도∨할∨**수**∨있다.

수 : 어떤 일을 할 만한 능력이나 어떤 일이 일어날 가능성.

띄어쓰기 기초 연습

다음 문장들을 띄어쓰기에 맞게 다시 쓰세요.

01 말하는이가누구지?

02 느낀바를말해라.

03 만난지도오래되었다.

띄어쓰기 실전 연습

다음 문장들을 띄어쓰기에 맞게 다시 쓰세요.

01 사람들틈에끼어길거리공연을보았다.

02 오랫동안낮잠을잤으니밤에잠이올턱이없다.

03 봄은이사철이라집을구하기어렵다.

04 요리를처음배운것치고는잘한편이다.

05 일곱살동생은미운짓만골라서한다.

06 집이한발짝씩가까워질수록마음이급해졌다.

1-7 같은 모양 다른 뜻인 낱말 찾기

모양은 같지만 뜻이 여러 개인 낱말이 있습니다. 오른쪽 표에서
글자를 찾아 다음 예문에 공통으로 들어갈 낱말을 쓰세요.

인	배	의	경
회	성	물	청

01

- **생김새나 됨됨이로 본 사람.**
  - 예 □□이 훤하게 잘생겼다.

- **일정한 상황에서 어떤 역할을 하는 사람.**

- **뛰어난 사람.**
  - 예 □□을 영입하다.

02

- **뒤쪽의 경치.**
  - 예 □□이 좋은 곳에서 사진을 찍자.

- **사건이나 환경, 인물 따위를 둘러싼 주위의 정경.**
  - 예 역사적 □□

03

- **여럿이 모여 의논함.**
  - 예 매주 월요일마다 학급 □□가 열린다.

- **마음속에 품고 있는 의심.**
  - 예 그는 반복되는 학교생활에 대해 □□를 품고 있었다.

1-8 글쓰기 실력 키우는 속담·관용어

일기나 독후감 등과 같은 실생활 글쓰기에서 속담과 관용어를 사용하면 훨씬 더 풍부한 표현을 할 수 있습니다. 관용어란, 둘 이상의 낱말이 합쳐져 새로운 의미로 쓰이는 표현입니다. 다음 예문을 읽고 내용과 어울리는 속담과 관용어를 찾아 문장을 완성해 주세요.

> 눈 입에 깜짝 하나 거미줄 밟혀
>
> 딱지가 귀가 귀에 눈에 얇아서

예 가난하여 먹지 못하고 오랫동안 굶다.

> 설마 산 (입에) (거미줄) 치겠냐?

01 잊히지 않고 자꾸 눈에 떠오르다.

> 울던 아이가 (   ) (   ) 차마 떠날 수 없었다.

02 조금도 놀라지 않고 태연하다.

> 그는 어떤 비난에도 (   ) (   ) (   ) 하지 않았다.

03 같은 말을 여러 번 듣다.

> 같은 이야기를 계속 들으니 (   ) (   ) 앉겠다.

04 남의 말을 쉽게 받아들인다.

> 그는 (   ) (   ) 누구든 너무 쉽게 믿는다.

맞춤법 · 어휘력 국어 실력 2단원

2-1 알면 쓸모 있는 낱말 익히기

 수량을 나타내는 단위 1

쌈	축	괘	판

01

오징어 20마리
▼
오징어 한 ☐

02

달걀 30개
▼
달걀 한 ☐

03

북어 20마리
▼
북어 한 ☐

04

바늘 24개
▼
바늘 한 ☐

 낱말 초성 퀴즈 1

01 한 나라의 구성원이 되는 자격.

국	ㅈ

02 어떤 지역의 가장자리가 되는 곳.

변	ㄷ	ㄹ

03 다른 곳으로 옮겨 가서 사는 사람.

ㅇ	ㅈ	자

04 부모를 잘 섬기는 행동.

효	ㅎ

수량을 나타내는 단위 2

뼘	자밤	폭	줌

01

나물이나 양념 따위를 손가락을 모아
그 끝으로 집을 만한 분량을 세는 단위.

설탕 한 ☐ ☐

02

엄지손가락과 다른 손가락을 완전히 펴서
벌렸을 때에 두 끝 사이의 거리.

한 ☐

03

한 손에 쥘 만한 분량을 세는 단위로
주먹의 준말.

한 ☐ 의 흙

04

하나로 연결하기 위해 같은 길이로
나누어 놓은 종이, 천 조각 또는 그림,
족자 따위를 세는 단위.

여섯 ☐ 병풍

 낱말 초성 퀴즈 2

01 배우지 못하여 글을 읽거나 쓸 줄 모르는 사람의 비율.

ㅁ	맹	ㄹ

02 스스로 그 가치나 능력을 믿고 당당히 여기는 마음.

자	ㅂ	ㅅ

2-2 어휘력 키우는 비슷한 말과 반대말

 비슷한 말끼리 선 긋기 1

❶ 가혹 ·   · ㉠ 산산조각

❷ 갈가리 ·   · ㉡ 갈구

❸ 감미 ·   · ㉢ 악독

❹ 갈망 ·   · ㉣ 단맛

 비슷한 말끼리 선 긋기 2

❶ 거저 ·   · ㉠ 금형

❷ 겉모습 ·   · ㉡ 명작

❸ 걸작 ·   · ㉢ 공으로

❹ 거푸집 ·   · ㉣ 외양

 밑줄 친 낱말을 비슷한 말로 바꾸기

01 경찰은 주민들의 <u>협조</u> 덕분에 한 시간 만에 범인을 잡았다.
힘을 보태어 도움.

ㅎ	ㄹ

02 옥상에서는 주변에 높은 건물이 없어 <u>사방</u>이 모두 보인다.
동, 서, 남, 북의 네 가지 방향. 둘레의 모든 곳.

주	ㅇ

03 지리산은 산세가 험해 지리를 잘 아는 <u>길잡이</u>가 필요하다.
길을 인도해 주는 사람이나 사물.

ㅇ	ㄴ	ㅈ

04 그는 대표로 선출이 결정된 후 당선 <u>소감</u>을 밝혔다.
어떤 일에 대하여 느끼고 생각한 것.

ㄴ	ㄲ

반대말끼리 선 긋기 1

❶ 낭보 · · ㉠ 들숨

❷ 분실 · · ㉡ 비보

❸ 날숨 · · ㉢ 한류

❹ 난류 · · ㉣ 습득

 반대말끼리 선 긋기 2

❶ 농익다 · · ㉠ 허가하다

❷ 너그럽다 · · ㉡ 설익다

❸ 권고하다 · · ㉢ 옹졸하다

❹ 금기하다 · · ㉣ 만류하다

밑줄 친 낱말을 반대말로 바꾸기

01 어디서든 종교의 <u>자유</u>는 반드시 보장되어야 한다.
　　무엇에 얽매이지 아니하고 자기 마음대로 할 수 있는 상태.

ㄱ	ㅅ

02 양치할 때 물을 받아 사용하면 물 <u>낭비</u>를 줄일 수 있다.
　　돈, 시간, 물건 등을 헛되이 함부로 씀.

ㅈ	ㅇ

03 우리 야구팀이 예선 경기에서 <u>승리</u>를 거두었다.
　　전쟁이나 경기 등에서 겨루어 이김.

ㅍ	ㅂ

04 훌륭하신 대통령을 직접 뵌 것은 가문의 <u>영광</u>이었다.
　　빛이 날 만큼 아름답고 자랑스러운 명예.

불	ㅁ	ㅇ

05 그는 모든 일에 자신감이 있는 것이 <u>강점</u>이다.
　　남보다 우세하거나 더 뛰어난 점.

ㅇ	ㅈ

2-3 표현력 키우는 다양한 낱말 모음

 낱말 찾아 문장 완성하기 1

성대하다	뜨끔하다	겸연쩍다	인색하다

01 거짓말을 하면 가슴 한쪽이 ( ).
마음에 찔리는 것이 있어 불편하다.

02 크리스마스에 개최되는 행사는 ( ).
행사의 규모 등이 매우 크고 훌륭하다.

03 감정 표현이 서툰 아버지는 칭찬에 ( ).
어떤 일을 하는 데 있어 지나치게 박하다.

04 앞자리에 혼자 앉아 있기가 ( ).
쑥스럽거나 미안하여 어색하다.

 낱말 찾아 문장 완성하기 2

단호한	난처한	지긋한	야릇한

01 젊은이들 사이에 나이가 ( ) 사람들도 눈에 띄었다.
나이가 비교적 많아 듬직하다.

02 이러지도 저러지도 못하는 ( ) 처지에 있다.
이럴 수도 없고 저럴 수도 없어 처신하기 곤란하다.

03 그녀는 입가에 알 수 없는 ( ) 미소를 띠고 있다.
무엇이라 표현할 수 없이 묘하고 이상하다.

04 그는 나의 도움을 ( ) 말투로 거절했다.
결심이나 태도, 입장 따위가 결단성 있고 엄격하다.

낱말 찾아 문장 완성하기 3

거침없이	안쓰러운	두둔하던	악착같이

01 친구가 혼자서 애를 쓰는 (　　　　　) 상황이었다.
　약자의 딱한 형편이 마음이 아프고 가엽다.

02 어려운 질문에도 민찬이는 (　　　　　) 대답했다.
　일이나 행동 따위가 중간에 걸리거나 막힘 없이.

03 지붕에서 떨어지지 않으려고 (　　　　　) 매달렸다.
　매우 모질고 끈질기게.

04 거짓말하는 동생을 (　　　　　) 나도 덩달아 혼났다.
　편들어 주거나 잘못을 감싸다.

 낱말 찾아 문장 완성하기 4

침울하게	야무지게	희한하게	애처롭게

01 사람들은 그의 날개옷을 (　　　　　) 바라보았다.
　매우 드물거나 신기하다.

02 물에 잠긴 고향을 (　　　　　) 바라보았다.
　걱정이나 근심에 잠겨 마음이 우울하다.

03 어미를 잃은 고양이는 밤마다 (　　　　　) 울었다.
　가엾고 불쌍하여 마음이 슬프다.

04 혜진이는 언제나 (　　　　　) 일을 잘한다.
　사람의 생김새나 성격, 행동 등이 단단하고 빈틈이 없다.

2-4 헷갈리는 맞춤법 완전 정복

 틀린 낱말 찾아 바르게 고치기

다음 문장에서 잘못된 맞춤법 찾아 밑줄을 긋고 바르게 고치세요.

01 자전거를 탈 때는 반드시 헬맷을 착용해야 한다. ( )

02 사장님은 약속을 번번히 어긴다. ( )

03 미역국에서 국물만 먹고 건데기는 남겼다. ( )

04 새로 산 후라이팬이라서 그런지 부침개가 잘된다. ( )

05 제 일을 도와줘서 고마와요. ( )

헷갈리는 낱말에서 맞게 고르기

문장을 잘 읽어 보고 두 개 중 맞춤법에 맞는 낱말을 고르세요.

01 옆 차가 갑자기 [끼여들어서 / 끼어들어서] 사고가 날 뻔했다.

02 [남여 / 남녀] 가 공동으로 사용하는 화장실이다.

03 탄산음료를 많이 마셔서 계속 [트림 / 트름] 이 나왔다.

04 화가 난 동생이 내 책을 [갈가리 / 갈갈이] 찢었다.

05 따뜻한 벽난로에 언 손을 [녹히다 / 녹이다].

2-5 비슷해 보이지만 서로 다른 낱말

 꽁지**와** 꽁무니

> 꽁지 : ① 새의 꽁무니에 붙은 깃.
>   ② 주로 기다란 물체나 몸통의 맨 끝부분.
>
> 꽁무니 : ① 동물의 척추를 이루는 뼈의 끝이 되는 부분이나 곤충의 배 끝부분.
>   ② 엉덩이를 중심으로 한 몸의 뒷부분.

실전 예문

01 꿩은 암컷보다 수컷의 (꽁지 / 꽁무니)가 길고 아름답다.

02 풋고추 (꽁지 / 꽁무니)를 된장에 찍어 먹다.

03 거미는 (꽁지 / 꽁무니)에서 뽑아 낸 거미줄을 이용하여 집을 짓는다.

04 동생이 엄마의 (꽁지 / 꽁무니)를 졸졸 따라다닌다.

 발견**과** 발명

> 발견 : 아직 찾아내지 못했거나 알려지지 않은 사물, 현상, 사실 따위를 찾아냄.
>
> 발명 : 지금까지 없던 기술이나 물건을 새로 생각하여 만들어 냄.

실전 예문

01 문자의 (발견 / 발명) 덕분에 인류는 눈부시게 발전하였다.

02 옛 유적지를 발굴하는 과정에서 유물들이 (발견 / 발명)되었다.

03 새로운 유전자의 (발견 / 발명)은 난치병 치료를 앞당길 것이다.

04 장영실은 시간을 알려주는 자격루를 (발견 / 발명)했다.

2-6 쓰임에 따라 달라지는 띄어쓰기

'대로' 띄어 쓰거나 붙여쓰기

대로 (띄어쓰기)	어떤 모양이나 상태와 같이. 동사 다음에 나오는 의존 명사이므로 앞말과 띄어 씀. 예 시를∨느낀∨**대로**∨표현해라.
-대로 (붙여쓰기)	앞말이 가리키는 것을 따른다는 의미. 명사 다음에 나오는 조사이므로 붙여 씀. 예 부모님의∨**뜻대로**∨하기로∨했다.

01 그는명령하는대로움직였다.

02 배운방법대로요리를했다.

'만큼' 띄어 쓰거나 붙여쓰기

만큼 (띄어쓰기)	앞말이 뒤에 나오는 내용의 원인이나 근거가 되는 경우. 동사 다음에 나오는 의존 명사이므로 앞말과 띄어 씀. 예 노력한∨**만큼**∨좋은∨결과가∨나온다.
-만큼 (붙여쓰기)	앞말과 비슷한 크기나 정도를 나타내는 조사 역할이므로 붙여 씀. 예 조개가∨**손바닥만큼**∨크다.

01 그영화는기대만큼재미있지는않았다.

02 남에게받은만큼돌려주자.

띄어쓰기 실전 연습

다음 문장들을 띄어쓰기에 맞게 다시 쓰세요.

01 미세먼지에대한대책이계획대로시행되지않았다.

02 공연장은숨소리가들릴만큼조용했다.

03 국회의원들은약속한대로공약을지켜야한다.

04 산에서만난멧돼지는사람만큼키가크고무서워보였다.

05 경주에최씨성을가진아주큰부자가살았습니다.

06 꽤무거워보이는종이상자가서른개쯤있었다.

2-7 같은 모양 다른 뜻인 낱말 찾기

모양은 같지만 뜻이 여러 개인 낱말이 있습니다. 오른쪽 표에서
글자를 찾아 다음 예문에 공통으로 들어갈 낱말을 쓰세요.

비	대	계	경
회	행	기	통

01

- **지구를 둘러싸고 있는 모든 공기.**
  - 예 최근 자동차 수가 급증하면서 □□ 오염이 심각하다.
- **어떤 때나 기회를 기다림.**
  - 예 식당에 손님이 많아 □□ 시간이 오래 걸렸다.

02

- **공중으로 날아가거나 날아다님.**
  - 예 미국까지의 장시간 야간 □□은 무척 지루했다.
- **잘못되거나 그릇된 행위.**
  - 예 최근 청소년 □□ 문제가 심각하다.

03

- **일정한 분야나 부문.**
  - 예 삼촌은 컴퓨터 □□의 일을 합니다.
- **일정한 체계에 따라 서로 다른 여러 부분이 관련되어
  조직을 이룬 것.**
  - 예 소화기 □□에 이상이 생겼는지 소화가 잘 안 된다.

2-8 글쓰기 실력 키우는 속담 · 관용어

다음 예문을 읽고 어울리는 속담과 관용어를 찾아 문장을 완성해 주세요.

| 걷어붙이고 | 이를 | 코 묻은 돈 | 팔을 | 꿰이었는지 |

| 콧등이 | 악물다 | 시큰하며 | 숨통을 | 코가 | 조이고 |

01 힘에 겨운 곤란이나 난관을 헤쳐 나가려고 온 힘을 다하다.

그는 국가대표가 되기 위해 (   ) (   ).

02 어린아이가 가진 적은 돈.

돈이 모자라 동생의 (   )까지 빌려 썼다.

03 약점이 잡히다.

그는 선배에게 무슨 (   ) (   ) 꼼짝도 못 한다.

04 어떤 일에 감격하거나 슬퍼서 눈물이 나오려 하다.

슬픈 영화를 보자 (   ) (   ) 눈물이 났다.

05 요긴하거나 결정적인 부분을 제압하다.

경찰은 결정적인 증거로 범인의 (   ) (   ) 있다.

06 어떤 일에 뛰어들어 적극적으로 일할 태세를 갖추다.

이웃을 돕기 위해 사람들이 (   ) (   ) 나섰다.

3-1 알면 쓸모 있는 낱말 익히기

수량을 나타내는 단위 3

타래	사리	다발	두름

01

국수, 새끼, 실 따위를 동그랗게 포개어 감아 세는 단위.

국수 한 ▢▢

02

조기 따위의 물고기를 짚으로 한 줄에 열 마리씩 두 줄로 엮은 것을 세는 단위.

조기 한 ▢▢

03

동그랗게 포개어 뭉쳐 놓은 실이나 노끈 따위의 뭉치를 세는 단위.

실 한 ▢▢

04

꽃, 푸성귀, 돈 따위의 묶음을 세는 단위.

돈 ▢▢

낱말 찾아 문장 완성하기

눈길	눈초리	눈살	눈총

01 화가 난 동생이 사나운 (　　　　　　　　)로 나를 노려보았다.
　　어떤 대상을 바라볼 때 눈에 나타나는 느낌이나 눈빛.

02 내가 계속 (　　　　　　　　)을 주어도 동생은 큰 소리로 떠들었다.
　　싫거나 미워서 날카롭게 노려보는 시선.

03 소외된 이웃을 따뜻한 (　　　　　　　　)로 바라보자.
　　눈이 가는 곳. 주의나 관심을 비유적으로 이르는 말.

04 아버지는 동생의 버릇없는 행동을 보고 (　　　　　　　　)을 찌푸렸다.
　　두 눈썹 사이에 잡히는 주름.

낱말 초성 퀴즈

01 말을 할 때에 여는 입. 말을 꺼내는 실마리.

말	ㅁ

02 졸리거나 고단할 때, 절로 입이 벌어지면서 하는 깊은 호흡.

ㅎ	ㅍ

03 비밀을 유지하기 위하여 당사자끼리만 약속한 기호.

ㅇ	ㅎ

04 어떤 일을 이루기 위하여 필요한 조치나 방법을 강구함.

작	ㅈ

05 구석구석 뒤지어 찾음.

ㅅ	색

06 사회적으로 문제를 일으키거나 주목을 받을 만한 뜻밖의 일.

ㅅ	건

07 일이 매우 위급하거나 몹시 두려움을 느낄 때 지르는 외마디 소리.

ㅂ	ㅁ

3-2 어휘력 키우는 비슷한 말과 반대말

 비슷한 말끼리 선 긋기 1

① 겉잡다 ·   · ㄱ 수수하다

② 검소하다 ·   · ㄴ 방정맞다

③ 게우다 ·   · ㄷ 어림잡다

④ 경망하다 ·   · ㄹ 토하다

 비슷한 말끼리 선 긋기 2

① 경사지다 ·   · ㄱ 멸시하다

② 고독하다 ·   · ㄴ 힐끗거리다

③ 경시하다 ·   · ㄷ 비탈지다

④ 곁눈질하다 ·   · ㄹ 고적하다

 밑줄 친 낱말을 비슷한 말로 바꾸기

01 장독대에는 된장 <u>항아리</u>가 놓여 있다.
   아래위가 좁고 배가 부른 질그릇.

| 단 | ㅈ |

02 학교 <u>숙제</u>가 너무 많아 운동할 시간이 없다.
   복습이나 예습 따위를 위하여 방과 후에 학생들에게 내주는 것.

| ㄱ | ㅈ |

03 인공지능 분야의 <u>발전</u> 속도는 엄청나게 빨라지고 있다.
   더 낫고 좋은 상태나 더 높은 단계로 나아감.

| ㅂ | ㄷ |

04 직원들의 <u>요구</u>가 받아들여져 휴게실이 생겼다.
   필요하거나 받아야 할 것을 달라고 청함.

| ㅇ | ㅊ |

반대말끼리 선 긋기 1

❶ 간헐적 ·   · ㄱ 객관적

❷ 주관적 ·   · ㄴ 논리적

❸ 이상적 ·   · ㄷ 지속적

❹ 직관적 ·   · ㄹ 현실적

 반대말끼리 선 긋기 2

❶ 도외시하다 ·   · ㄱ 낙선되다

❷ 당선되다 ·   · ㄴ 민감하다

❸ 단축하다 ·   · ㄷ 중시하다

❹ 둔감하다 ·   · ㄹ 연장하다

 밑줄 친 낱말을 반대말로 바꾸기

01 충분한 휴식을 취해야 다시 열심히 일할 수 있다.
　　하던 일을 멈추고 잠깐 쉼.

ㄴ	ㄷ

02 친구와 오랜만에 대화를 나누며 즐거운 시간을 보냈다.
　　마주 대하여 이야기를 주고받음.

ㄷ	ㅂ

03 운동이 어린이에게 미치는 긍정적 영향을 알아보자.
　　어떤 사실이나 생각이 바람직하거나 옳다고 인정하는 것.

ㅂ	ㅈ	ㅈ

04 자신의 잘못을 인정하는 것도 용기가 필요하다.
　　씩씩하고 굳센 기운.

ㄱ

05 그의 유일한 결점은 남을 너무 쉽게 믿는 것이다.
　　잘못되거나 부족하여 완전하지 못한 점.

ㅈ	ㅈ

3-3 표현력 키우는 다양한 낱말 모음

 낱말 찾아 문장 완성하기 1

뚱딴지같은	시무룩한	꼬장꼬장한	카랑카랑한

01 예선에서 떨어진 아이들이 (　　　　　　　　) 표정으로 앉아 있다.
　　 못마땅하여 말이 없고 얼굴에 언짢은 빛이 있다.

02 주인아저씨의 (　　　　　　　) 목소리가 크게 울려 퍼졌다.
　　 목소리가 쇳소리처럼 매우 맑고 높다.

03 할아버지의 (　　　　　　　) 성품이 이제는 한풀 꺾였다.
　　 성격이 곧고 고집이 세다.

04 자다 말고 일어나 무슨 (　　　　　　　) 소리냐!
　　 행동이나 사고방식 따위가 너무나 엉뚱하다.

낱말 찾아 문장 완성하기 2

도약하다	독촉하다	곁들이다	도피하다

01 잘 삶은 수육에 막 담근 김치를 (　　　　　　).
　　 주된 음식에 다른 음식을 내어놓다.

02 한국의 통신 기술이 세계 무대로 (　　　　　　).
　　 더 높은 단계로 발전하다.

03 글을 쓰면서 어려운 현실에서 (　　　　　　).
　　 나서야 할 일에서 몸을 사려 빠져나가다.

04 공무원이 밀린 세금을 (　　　　　　).
　　 일이나 행동을 빨리하도록 재촉하다.

낱말 찾아 문장 완성하기 3

| 경악하다 | 경박하다 | 경외하다 | 경청하다 |

01 인간이 범접할 수 없는 자연의 힘을 (   ).
공경하면서 두려워하다.

02 그의 파렴치한 행동에 온 국민이 (   ).
소스라치게 깜짝 놀라다.

03 신입생들이 교수님의 강의를 (   ).
귀를 기울여 듣다.

04 그녀는 보기 힘들 정도로 말과 행동이 (   ).
언행이 신중하지 못하고 가볍다.

 낱말 찾아 문장 완성하기 4

| 고만고만한 | 고리타분한 | 고지식한 | 고분고분한 |

01 그 영화는 (   ) 이야기라 너무 지루했다.
내용, 생각, 분위기 따위가 새롭지 못하고 답답하다.

02 외가는 (   ) 또래가 많아 만나면 재미있다.
큰 차이가 없이 비슷비슷하다.

03 그는 갑자기 순한 양처럼 (   ) 성격이 되었다.
말이나 행동이 공손하고 부드럽다.

04 그는 거짓말은커녕 농담도 못 하는 (   ) 성격이다.
성격이 바르고 곧아 융통성이 없다.

3-4 헷갈리는 맞춤법 완전 정복

틀린 낱말 찾아 바르게 고치기

다음 문장에서 잘못된 맞춤법 찾아 밑줄을 긋고 바르게 고치세요.

01 공원을 산책하다가 돌뿌리에 걸려 넘어졌다.   (   )

02 곰곰히 생각해 보면 맞힐 수 있는 문제이다.   (   )

03 오랜 가뭄으로 강바닥이 매말라 있었다.   (   )

04 먼지가 쌓인 책상을 깨끗이 닦았다.   (   )

05 계주 경기의 마지막 선수에게 바톤을 넘겨주었다.   (   )

헷갈리는 낱말에서 맞게 고르기

문장을 잘 읽어 보고 두 개 중 맞춤법에 맞는 낱말을 고르세요.

01 계곡물에 손을 [담그니 / 담구니] 시원했다.

02 나는 어렸을 때 유명한 [개구장이 / 개구쟁이] 였다.

03 아이가 과자를 한 [움큼 / 웅큼] 집어 들었다.

04 그는 항상 큰 가방을 옆으로 [메고 / 매고] 다닌다.

05 양말을 신고 [샌달 / 샌들] 을 신으면 미끄럽다.

3-5 비슷해 보이지만 서로 다른 낱말

 계발과 개발

계발 : 능력, 소질, 재능 등 인간의 속성을 발전시키는 것.

개발 : 기술, 경제, 제품, 국토 등 주로 물질적인 것을 발전시키는 것.

실전 예문

01 부모는 아이의 잠재된 창의성을 (계발 / 개발)해야 한다.

02 정부는 버려진 땅을 공원으로 (계발 / 개발)하기로 했다.

03 젊은이들은 자기 (계발 / 개발)에 많은 시간과 노력을 쏟는다.

04 회사는 새로운 기술 (계발 / 개발)을 위해 막대한 투자를 한다.

 토의와 토론

토의 : 어떤 공통된 문제에 대하여 가장 좋은 해답을 얻기 위해 서로 의견을 나누는 것.

토론 : 서로 의견이 다른 문제를 놓고 찬성하는 사람과 반대하는 사람이 자기주장이 옳음을 논리로 펼치는 것.

실전 예문

01 어린이의 스마트폰 사용에 대한 찬반 (토의 / 토론)을/를 벌였다.

02 오늘은 쓰레기 문제에 대한 광범위한 (토의 / 토론)이/가 있었다.

03 아파트 주차 문제에 대한 (토의 / 토론)이/가 관리소에서 열렸다.

04 이번 (토의 / 토론) 대회의 주제는 안락사 문제이다.

3-6 쓰임에 따라 달라지는 띄어쓰기

 '들' 띄어 쓰거나 붙여쓰기

들 (띄어쓰기)	두 개 이상의 사물을 열거하고 사물 모두를 가리키는 경우. 예 책,∨필통,∨공책∨**들을**∨가방에∨넣다.
-들 (붙여쓰기)	둘 이상의 복수를 뜻하는 경우. 예 **사람들이**∨많다.

01 소,개,돼지들을키운다.

02 너희들이해야할일이다.

 '뿐' 띄어 쓰거나 붙여쓰기

뿐 (띄어쓰기)	다만 그것만이고 그 이상은 아님을 뜻함. 의존 명사이므로 띄어 씀. 예 소문으로만∨들었을∨**뿐이다.**
-뿐 (붙여쓰기)	앞의 말 이외에 더는 없음. 조사이므로 앞말과 붙여 씀. 예 집에∨우리∨**둘뿐이다.**

01 믿을것은실력뿐이다.

02 앞만보고걸을뿐이다.

띄어쓰기 실전 연습

다음 문장들을 띄어쓰기에 맞게 다시 쓰세요.

01 나는시장에서요리에필요한채소,고기,양념들을샀다.

02 우리들은태극기를드높이치켜들었다.

03 우리민족의소원은평화로운통일뿐이다.

04 그는조용히후배의이야기만을듣고있을뿐이다.

05 네잎클로버의꽃말은행운입니다.

06 외국어를아무생각없이섞어서쓸때가너무많다.

3-7 같은 모양 다른 뜻인 낱말 찾기

모양은 같지만 뜻이 여러 개인 낱말이 있습니다. 오른쪽 표에서 글자를 찾아 다음 예문에 공통으로 들어갈 낱말을 쓰세요.

화	기	한	선
원	조	지	편

01

- **바라는 일이 이루어지기를 비는 것.**
  예 우리의 간절한 ☐☐이 이루어지길 바란다.
- **어떤 일이나 사물이 처음으로 생김.**
  예 민주 국가의 ☐☐은 고대 그리스에서 찾을 수 있다.

02

- **서로 잘 어울림.**
  예 인간은 자연과 ☐☐를 이루며 살아야 한다.
- **종이, 천, 비닐 등의 재료로 만든 가짜 꽃.**
  예 공연장에 비누로 만든 ☐☐를 들고 갔다.

03

- **같은 편.**
  예 동생과 ☐☐이 되어 윷놀이했다.
- **어느 하나의 편이나 방향.**
  예 마당 ☐☐에 장미가 피어 있었다.
- **어떤 일의 한 측면.**
  예 상을 타서 좋기도 했지만, ☐☐으로는 부담스러웠다.

3-8 글쓰기 실력 키우는 속담 · 관용어

다음 예문을 읽고 어울리는 속담과 관용어를 찾아 문장을 완성해 주세요.

> 어깨를　　손꼽아　　간도　　간에　　쓸개도
>
> 기별도　　발 벗고　　발 디딜　　나란히

01 서로 비슷한 지위나 힘을 가지다.

> 국내 IT 기술은 선진국과 (　　　　　) (　　　　　　　) 한다.

02 기대에 차 있거나 안타까운 마음으로 날짜를 꼽으며 기다리다.

> 다음 달 가족 여행을 (　　　　　　) 기다린다.

03 먹은 것이 너무 적어 먹으나 마나 하다.

> 양이 너무 적어 (　　　　) (　　　　　　) 안 가겠다.

04 용기나 줏대 없이 남에게 굽히다.

> 배신자와 손을 잡다니, 너는 (　　　　) (　　　　　) 없구나!

05 복작거리어 혼잡스럽다.

> 명절을 앞두고 시장은 사람들로 (　　　　　　　) 틈이 없다.

06 적극적으로 나서다.

> 그는 어려운 사람을 보면 항상 (　　　　　　　) 나섰다.

4-1 알면 쓸모 있는 낱말 익히기

 낱말 찾아 문장 완성하기

빙산	빙하	내빙선	쇄빙선

01 지구 온난화로 (   )가 녹으면서 해안선이 변하고 있다.
　　추운 지역에서 눈이 오랫동안 쌓여 만들어진, 육지를 덮고 있는 큰 얼음덩어리.

02 배가 파도에 쓸려 온 (   )에 부딪혀 구멍이 났다.
　　바다에 떠다니는 큰 얼음 덩어리로, 물 위에 나타난 부분의 높이가 최고 5m 이상인 것.

03 얼음을 부수어 길을 만드는 (   )은 뱃머리가 넓다.
　　얼어붙은 바다나 강의 얼음을 부수고 뱃길을 내는, 특수한 장비를 갖춘 배.

04 북극을 탐사하려면 얼음에 강한 (   )이 필요하다.
　　수면의 얼음이나 빙산에 부딪혀도 견디어 낼 수 있는 단단한 배.

낱말 초성 퀴즈 1

01 도둑이나 악한 무리가 활동의 본거지로 삼고 있는 곳.

소	ㄱ

02 행동이나 일 따위를 시작함.

개	ㅅ

03 입의 양쪽 구석.

입	ㄲ	ㄹ

04 물이 흐르거나 타고 내리도록 만든 물건.

홈	ㅌ

시의 형식을 이루는 요소 찾기

연	행	시어	운율

01 시의 ( )는 일상생활에서 쓰는 말보다 아름답다.

　시에 쓰는 말. 또는 시에 있는 말.

02 시를 ( )에 맞추어 낭송하니 노랫소리 같다.

　시에서 비슷한 소리의 특성이 일정하게 반복되는 형식.

03 이 시의 삼 ( )에 중심 생각인 주제가 있다.

　시의 한 줄.

04 하나 이상의 행이 모이면 ( )이 된다.

　여러 행이 모여 이루어진 한 덩어리.

낱말 초성 퀴즈 2

01 참여자가 주어진 상황에서 특정 역할을 연기하는 극.

역	ㅎ	ㄱ

02 말을 하는 상대가 없이 혼자서 하는 말.

혼	ㅈ	ㅁ

03 마음을 숨기고 겉으로는 천연스럽게 행동하는 태도.

ㄴ	청

04 어떤 것을 좋아하거나 싫어하는 성미.

ㅂ	위

05 기운차게 뻗치는 모양이나 상태.

ㄱ	세

4-2 어휘력 키우는 비슷한 말과 반대말

 비슷한 말끼리 선 긋기 1

❶ 겹겹이 · · ㉠ 경종

❷ 경작지 · · ㉡ 독불장군

❸ 경적 · · ㉢ 첩첩이

❹ 고집불통 · · ㉣ 농경지

 비슷한 말끼리 선 긋기 2

❶ 계몽하다 · · ㉠ 고달프다

❷ 착안하다 · · ㉡ 전통적

❸ 고단하다 · · ㉢ 깨우치다

❹ 고전적 · · ㉣ 고안하다

 밑줄 친 낱말을 비슷한 말로 바꾸기

01 지현이가 무슨 <u>병</u>이 났는지 음식을 못 먹는다.
몸에 이상이 생겨 정상적인 활동을 하지 못하고 괴로움을 느끼는 현상.

ㅌ

02 날씨가 더워지면서 냉방기의 <u>사용</u>이 증가하고 있다.
무엇을 필요한 일이나 기능에 맞게 씀.

ㅇ	ㅇ

03 지금 교통 <u>상황</u>이 나빠서 한 시간 더 걸릴 것 같다.
일이 진행되어 가는 형편이나 모양.

ㅅ	ㅌ

04 이번 공연은 1년 이상 된 우수 고객만 <u>초대</u>하는 것이다.
다른 사람에게 어떤 자리, 모임, 행사 등에 와 달라고 요청함.

ㅊ	ㅊ

🐰 반대말끼리 선 긋기 1

❶ 보수적 ·　　　　　· ㉠ 이질적

❷ 독창적 ·　　　　　· ㉡ 수동적

❸ 동질적 ·　　　　　· ㉢ 진보적

❹ 능동적 ·　　　　　· ㉣ 모방적

🐰 반대말끼리 선 긋기 2

❶ 모호하다 ·　　　　· ㉠ 불신하다

❷ 약화되다 ·　　　　· ㉡ 분명하다

❸ 신임하다 ·　　　　· ㉢ 무용하다

❹ 유용하다 ·　　　　· ㉣ 강화되다

🐰 밑줄 친 낱말을 반대말로 바꾸기

01 자신이 처한 <u>현실</u>에 만족하지 않고 끊임없이 도전하자.
　　현재 실제로 있는 사실이나 상태.

이	ㅅ

02 긍정적인 마음으로 즐겁게 사는 것이 <u>장수</u>의 비결이다.
　　오래 삶.

ㄷ	ㅁ

03 그 가수는 <u>가명</u>으로 활동하고 있다.
　　실제 자기 이름이 아닌 가짜 이름.

ㅂ	ㅁ

04 이 영화는 <u>실재</u>의 인물과 사건을 배경으로 한다.
　　실제로 존재함.

ㅎ	구

05 우주의 <u>생성</u> 원리가 궁금하다.
　　사물이 생겨남.

ㅅ	멸

4-3 표현력 키우는 다양한 낱말 모음

 낱말 찾아 문장 완성하기 1

대담한	대등한	대견한	대적할

01 그와 말로는 ( ) 사람이 없다.
　　어떤 세력, 힘 따위와 맞서 겨루다.

02 그는 첫 시합임에도 ( ) 경기를 펼쳤다.
　　서로의 능력이나 힘이 낮거나 못하지 않고 비슷하다.

03 역경을 이겨 낸 동생에게 ( ) 마음이 들었다.
　　흐뭇하고 자랑스럽다.

04 전혀 기죽지 않는 그의 ( ) 태도에 모두 놀랐다.
　　행동이나 성격이 겁이 없고 용감하다.

 낱말 찾아 문장 완성하기 2

독실한	돈독한	기묘한	기이한

01 어려운 일을 함께 견디며 더욱 ( ) 사이가 되었다.
　　서로의 관계에 믿음, 의리, 인정 등이 깊다.

02 우리는 ( ) 기독교 집안이라 식사 전 꼭 기도한다.
　　믿음이 두텁고 성실하다.

03 그 일은 과학적으로 설명할 수 없는 ( ) 사건이다.
　　이상하고 특이하다.

04 해안가에 사람이 깎은 듯한 ( ) 형상의 바위가 있다.
　　생김새 따위가 이상하고 묘하다.

낱말 찾아 문장 완성하기 3

과장해서	돌파해서	당면한	광대한

01 개인 최고 점수를 (   ) 신기록을 달성 중이다.
일정한 기준이나 기록 따위를 지나 넘어서다.

02 그는 실제 성적보다 (   ) 주위 사람에게 자랑한다.
사실보다 지나치게 부풀려 나타내다.

03 지구는 (   ) 우주에 비교하면 작은 점이다.
크고 넓다.

04 우리는 월요일마다 모여 (   ) 문제를 논의했다.
바로 눈앞에 당하다.

낱말 찾아 문장 완성하기 4

빠뜨리다	빠듯하다	뼈저리다	빼어나다

01 기말시험 준비에 시간이 (   ).
어떤 정도에 겨우 미칠 만하다.

02 친구의 공을 강물에 (   ).
물 또는 어떤 깊숙한 곳에 빠지게 하다.

03 세 자매 중 특히 셋째 딸의 미모가 (   ).
여럿 가운데서 두드러지게 뛰어나다.

04 나의 잘못을 말하는 친구의 충고가 매우 (   ).
어떤 감정이 골수에 사무치도록 정도가 깊다.

4-4 헷갈리는 맞춤법 완전 정복

틀린 낱말 찾아 바르게 고치기

다음 문장에서 잘못된 맞춤법 찾아 밑줄을 긋고 바르게 고치세요.

01 전시된 책상과 의자는 오동나무로 만듬. ( )

02 지역 미술 대회 예선에서 연거퍼 두 번을 떨어졌다. ( )

03 날씨가 추워서 겨울내 집 밖에 몇 번 나가지도 않았다. ( )

04 새로 이사한 집 정원에서 바베큐 파티를 열었다. ( )

05 우리 선수가 쏜 화살이 과녁에 명중했다. ( )

헷갈리는 낱말에서 맞게 고르기

문장을 잘 읽어 보고 두 개 중 맞춤법에 맞는 낱말을 고르세요.

01 물병을 [기울여 / 기우려] 꽃에 물을 주었다.

02 김치 중에서 [깍둑이 / 깍두기]를 가장 좋아한다.

03 아무리 작은 일도 [가벼이 / 가벼히] 생각하지 마라.

04 언니와 함께 손톱에 [봉숭화 / 봉숭아] 물을 들였다.

05 지도자는 부드러우면서도 강한 [리더십 / 리더쉽]이 필요하다.

4-5 비슷해 보이지만 서로 다른 낱말

 누명과 오명

> **누명** : 잘못을 저지르지 않았음에도 사실이 아닌 일로 억울하게 얻은 평판.
>
> **오명** : 실수나 잘못 등을 해서 더러워지고 부끄럽게 된 이름이나 명예.

실전 예문

01 사건의 진실이 밝혀져 그의 (누명 / 오명)이 벗겨졌다.

02 친일파의 후손이라는 (누명 / 오명)을 벗기 위해 평생을 속죄했다.

03 경쟁자의 거짓말 때문에 억울하게 (누명 / 오명)을 썼다.

04 교통사고 사망자 1위라는 (누명 / 오명)을 하루빨리 벗어야 한다.

 가지다와 지니다

> **가지다** : ① 무엇을 손에 쥐거나 몸에 지니다.(일시적인 행위)
> ② 자기 것으로 하다.
>
> **지니다** : ① 몸에 항상 간직하고 다니다.
> ② 성품이나 습관 등을 바탕으로 가지고 있다.

실전 예문

01 나는 지갑에 가족사진을 항상 (가지고 / 지니고) 다닌다.

02 오늘은 동생이 공을 (가지고 / 지니고) 학교에 갔다.

03 예원이는 겸손하고 조용한 인품을 (가지고 / 지니고) 있었다.

04 소녀는 손에 무언가를 (가지고 / 지니고) 있었다.

4-6 쓰임에 따라 달라지는 띄어쓰기

 '만' 띄어 쓰거나 붙여쓰기

만 (띄어쓰기)	경과한 시간을 나타내는 경우. 예 삼∨년∨**만의**∨여행이다.
-만 (붙여쓰기)	한정이나 제한의 뜻을 나타내는 경우. 예 그렇게∨**과자만**∨먹으면∨해롭다.

01 그는이틀만에돌아왔다.

02 나는체육만좋아한다.

 '지' 띄어 쓰거나 붙여쓰기

지 (띄어쓰기)	어떤 일이 있었던 때로부터 지금까지. 예 고향을∨떠난∨**지**∨5년이∨지났다.
-지 (붙여쓰기)	앞의 말의 움직임이나 상태를 부정하는 경우. 예 몸이∨**좋지**∨않았다.

01 아무에게도말하지않았다.

02 밥먹은지십분도안됐다.

띄어쓰기 실전 연습

다음 문장들을 띄어쓰기에 맞게 다시 쓰세요.

01 온가족이함께여행하는것이몇년만인지모르겠다.

02 그는도서관에서공부할때꼭이자리만고집한다.

03 나는이가아파밥을제대로먹지못했다.

04 학교를졸업한지이년만에친구를만났다.

05 안쪽에는깨진연탄몇장이뒹굴고있었다.

06 쉽게닿을수있는곳이아니어서안내자가필요하다.

4-7 같은 모양 다른 뜻인 낱말 찾기

모양은 같지만 뜻이 여러 개인 낱말이 있습니다. 오른쪽 표에서 글자를 찾아 다음 예문에 공통으로 들어갈 낱말을 쓰세요.

성	실	화	연
손	차	패	례

01

- **몹시 귀찮게 구는 일.**
  (예) 온종일 놀아 달라는 동생의 ☐☐에 시달렸다.

- **올림픽과 같은 큰 규모의 체육 경기장에 켜 놓는 횃불.**
  (예) ☐☐가 타오르면서 동계 올림픽이 시작되었다.

02

- **일을 잘못하여 뜻한 대로 되지 아니하거나 그르침.**
  (예) 두 번의 과학 실험이 ☐☐로 끝났다.

- **바느질할 때 쓰기 편하도록 실을 감아 두는 작은 도구.**
  (예) 바느질이 끝나면 실을 ☐☐에 감아 둬라.

03

- **추석이나 설날 등의 낮에 지내는 제사.**
  (예) 명절 때마다 큰집에서 ☐☐를 지낸다.

- **어떤 일을 하거나 어떤 일이 일어나는 순서.**
  (예) 한 시간 동안 줄을 서서 내 ☐☐를 기다렸다.

- **책이나 글의 제목을 순서대로 적어 놓은 것.**
  (예) 책을 고를 때 가장 먼저 ☐☐를 살펴봐라.

4-8 글쓰기 실력 키우는 속담·관용어

다음 예문을 읽고 어울리는 속담과 관용어를 찾아 문장을 완성해 주세요.

| 발등에 | 못 추린다 | 뼈에 | 피가 | 불이 | 피도 |
| 말랐다 | 사무치도록 | 뼈도 | 눈물도 | 살이 된다 |

01 몹시 괴롭거나 애가 타다.

잃어버린 아이를 찾는 동안 (   )(   ).

02 일이 몹시 절박하게 닥치다.

내일이 시험이라 (   )(   ) 떨어졌다.

03 상대와 싸움의 적수가 안 되어 손실만 보고 전혀 남는 것이 없다.

그 선배에게 까불면 (   ) (   ).

04 원한이나 고통 따위가 뼛속에 파고들 정도로 깊고 강하다.

돌아가신 할머니가 (   ) (   ) 그립다.

05 큰 도움이 되다.

책을 많이 읽으면 나중에 피가 되고 (   ).

06 조금도 인정이 없다.

그는 (   ) (   ) 없는 악덕 사장이었다.

5-1 알면 쓸모 있는 낱말 익히기

글의 종류 찾기

논설문	수필	설명문	소설

01

일상생활 속에서 얻은 생각과 느낌을 형식에 얽매이지 않고 자유롭게 쓴 글입니다. 생활에서의 느낌이나 경험과 같이 가벼운 주제부터 사회적 문제 등의 무거운 주제를 다룹니다.

(   )

02

현실에 있음 직한 이야기를 작가가 상상해 거짓으로 꾸며 쓴 글입니다. 특정한 배경과 등장인물의 행동, 사상, 심리 따위를 통하여 인간의 모습이나 사회상을 보여 줍니다.

(   )

03

어떤 지식이나 정보를 읽는 이에게 전달하고 이해시키기 위해 쉽게 풀어서 쓴 객관적인 글입니다. 글쓴이의 주관적인 느낌이나 생각이 들어가면 안 되고, 사실만을 써야 합니다.

(   )

04

어떤 주제에 대해 자신의 주장이나 의견을 논리적으로 내세워 읽는 사람을 설득하기 위한 글입니다. 자신의 주장을 조리 있게 설명하고, 충분한 이유나 근거를 내세워야 합니다.

(   )

모양에 따라 바뀌는 달 이름 찾기

달의 모양이 변하는 이유는 달이 지구 주위를 공전하기 때문입니다. 달이 지구 둘레를 돌 때 달 표면에 태양 빛이 비치는 부분이 달라져 달의 모양이 변하는 것처럼 보입니다. 달에서 태양을 향한 부분은 밝게 보이지만, 그 반대쪽은 어두워 보이지 않게 됩니다. 이번에는 달의 모양 변화에 따라 달라지는 달의 이름을 배워 보겠습니다. 달의 모양은 북반구와 남반구가 반대로 보입니다.

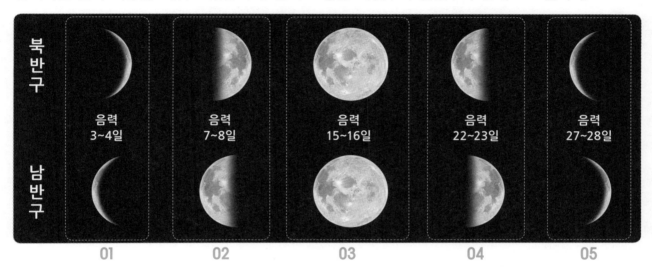

실전 예문 다음 설명을 읽고 알맞은 달의 이름을 찾아 쓰세요.

| 보름달 | 초승달 | 상현달 | 그믐달 | 하현달 |

01 음력 3일경 뜨는 눈썹 모양의 달로, 북반구에서는 달의 오른쪽, 남반구에서는 왼쪽 부분이 눈썹 형태로 보임. ( )

02 음력 8일경 뜨는 반달로, 북반구에서는 오른쪽 반, 남반구에서는 왼쪽 반이 보임. ( )

03 음력 15일경 일몰 무렵에 떠서 일출 무렵에 지는 동그란 모양의 달. ( )

04 음력 22일경 뜨는 반달로, 북반구에서는 왼쪽 반, 남반구에서는 오른쪽 반이 보임. ( )

05 음력 27일경 뜨는 눈썹 모양의 달로, 북반구에서는 달의 왼쪽, 남반구에서는 오른쪽 부분이 눈썹 형태로 보임. ( )

5-2 어휘력 키우는 비슷한 말과 반대말

비슷한 말끼리 선 긋기 1

❶ 곤경 ·　　　　　· ㉠ 제법

❷ 곧잘 ·　　　　　· ㉡ 난관

❸ 똑바로 ·　　　　　· ㉢ 썩다

❹ 곪다 ·　　　　　· ㉣ 곧장

비슷한 말끼리 선 긋기 2

❶ 곱절 ·　　　　　· ㉠ 공갈

❷ 몽상가 ·　　　　　· ㉡ 갑절

❸ 협박 ·　　　　　· ㉢ 허기

❹ 공복 ·　　　　　· ㉣ 공상가

밑줄 친 낱말을 비슷한 말로 바꾸기

01 공원을 찾기 위해 지도에 표시된 <u>방위</u>대로 움직였다.
동서남북을 기준으로 한 어떤 쪽의 위치.

ㅂ	ㅎ

02 사람은 알맞은 <u>영양</u>을 섭취해야 건강할 수 있다.
생물이 생명을 유지하고, 몸을 성장시키기 위하여 필요한 성분.

ㅇ	ㅂ

03 학교의 <u>전통</u>에 따라 졸업식 날 교복을 후배에게 물려주었다.
어떤 집단이나 공동체에서 예전부터 내려오는 사상, 관습, 행동 등의 양식.

관	ㅅ

04 올해 겨울 중부 <u>지방</u>에 내린 눈의 양은 지난해보다 많다.
행정 구획이나 어떤 특징 등에 의해 나누어지는 땅.

ㅈ	ㅇ

반대말끼리 선 긋기 1

❶ 약식 ·   · ㉠ 정식

❷ 악평 ·   · ㉡ 필연

❸ 왕복 ·   · ㉢ 호평

❹ 우연 ·   · ㉣ 편도

반대말끼리 선 긋기 2

❶ 전진하다 ·   · ㉠ 취임하다

❷ 후하다 ·   · ㉡ 후진하다

❸ 퇴임하다 ·   · ㉢ 퇴화되다

❹ 진화되다 ·   · ㉣ 박하다

밑줄 친 낱말을 반대말로 바꾸기

01 어린이 보호 구역에서는 <u>감속</u> 운전을 해야 한다.
속도를 줄임.

가	ㅅ

02 동아리 활동을 열심히 할 수 없다면 차라리 <u>탈퇴</u>해라.
소속해 있던 조직이나 단체 따위에서 관계를 끊고 물러남.

ㄱ	ㅇ

03 지구 온난화 문제에 <u>강대국</u>이 적극적으로 나서야 한다.
경제적으로나 군사적으로 힘이 세고 영토가 넓은 나라.

ㅇ	ㅅ	국

04 선수들은 체력 <u>강화</u>를 위해 하루 3시간씩 달리기를 한다.
세력이나 힘을 더 강하고 튼튼하게 함.

ㅇ	ㅎ

05 우리나라 자동차의 중국 <u>수출</u>이 점차 늘고 있다.
국내의 상품이나 기술을 외국으로 팔아 내보냄.

ㅅ	ㅇ

낱말 찾아 문장 완성하기 1

나동그라져	나긋나긋한	나른하고	나지막한

01 그녀는 웃으며 (　　　　　　　　) 목소리로 말한다.
　　사람을 대하는 태도가 매우 상냥하고 부드럽다.

02 텅 빈 공연장에는 의자만 여기저기 (　　　　　　　　) 있었다.
　　아무렇게나 내팽개쳐지다.

03 우리 동네에는 (　　　　　　　　) 옛 건물이 많다.
　　위치나 소리가 꽤 나직하다.

04 온천을 하니 온몸이 (　　　　　　　　) 졸음이 온다.
　　맥이 풀리거나 고단하여 기운이 없다.

낱말 찾아 문장 완성하기 2

흐지부지하게	흐느적거리는	후텁지근하다	흐리멍덩하다

01 비가 오려는지 덥고 (　　　　　　　　).
　　조금 불쾌할 정도로 끈끈하고 무덥다.

02 잠이 덜 깬 듯 정신이 (　　　　　　　　).
　　정신이 맑지 못하고 흐리다.

03 목격자가 없어 조사는 (　　　　　　　　) 끝났다.
　　확실하게 하지 않고 대충 넘겨 버리는 데가 있다.

04 문어의 (　　　　　　　　) 모습이 꼭 춤을 추는 것 같았다.
　　가늘고 긴 물체가 자꾸 느리게 흔들리다.

낱말 찾아 문장 완성하기 3

| 막연하다 | 마땅찮다 | 말미암아 | 막중하다 |

01 친구의 생일 파티에 입고 갈 옷이 (   ).
흡족하게 마음에 들지 아니하다.

02 이 문제를 어떻게 풀어야 하나 참 (   ).
어떤 일이 닥쳤을 때 어떻게 하면 좋을지 몰라 아득하다.

03 선생님이 없을 때는 반장의 책임이 (   ).
더할 수 없이 중요하고 크다.

04 태풍으로 (   ) 체험학습이 취소되었다.
어떤 현상이나 사물 따위가 원인이나 이유가 되다.

 낱말 찾아 문장 완성하기 4

| 하여튼 | 결단코 | 무심코 | 한사코 |

01 (   ) 이번에는 꼭 합격하리라.
마음먹은 대로 반드시.

02 (   ) 던진 말이 누군가에게 상처가 될 수 있다.
아무런 뜻이나 생각이 없이.

03 그는 사람들의 도움을 (   ) 거절하였다.
계속해서 있는 힘을 다하여.

04 나는 농구든 축구든 (   ) 운동은 다 싫다.
무엇이 어떻게 되든.

5-4 헷갈리는 맞춤법 완전 정복

틀린 낱말 찾아 바르게 고치기

다음 문장에서 잘못된 맞춤법 찾아 밑줄을 긋고 바르게 고치세요.

01 아이는 배가 고팠는지 밥을 금새 먹어 치웠다.　　　(　　　　　　　　　)

02 아침에 늑짱을 부리다 결국 학교 버스를 놓쳤다.　　　(　　　　　　　　　)

03 카레 요리가 완성되자 가스렌지의 불을 껐다.　　　(　　　　　　　　　)

04 어머니는 털실로 뜨게질하여 내 조끼를 만드셨다.　　　(　　　　　　　　　)

05 이제 막 돌이 지난 애기가 아장아장 걷는다.　　　(　　　　　　　　　)

헷갈리는 낱말에서 맞게 고르기

문장을 잘 읽어 보고 두 개 중 맞춤법에 맞는 낱말을 고르세요.

01 우리 가족은 이번 주말에 ⎡ 벗꽃 / 벚꽃 ⎤ 구경을 가기로 했다.

02 누나가 함께 심부름을 가자고 ⎡ 꼬드겼다 / 꼬득였다 ⎤.

03 한겨울인데도 이마에 땀이 송글송글 ⎡ 매쳤다 / 맺혔다 ⎤.

04 백제 양식을 그대로 ⎡ 본따 / 본떠 ⎤ 만든 석탑이다.

05 작가의 생각이 담긴 ⎡ 머리말 / 머릿말 ⎤ 을 반드시 읽자.

5-5 비슷해 보이지만 서로 다른 낱말

 덥다**와** 덮다

> 덥다 : ① 몸으로 느끼기에 기온이 높다.
> ② 온도가 높고 따뜻하다.
>
> 덮다 : ① 무엇이 드러나거나 보이지 않도록 다른 것을 얹어 씌우다.
> ② 위가 뚫려 있는 물건을 뚜껑 등으로 가리거나 막다.

실전 예문

01 텃밭을 갈아 상추 씨앗을 넣고 흙으로 (덥는다 / 덮는다).

02 4월인데도 오늘 날씨는 유난히 (덥다 / 덮다).

03 바닷가 지역은 여름에는 매우 (덥고 / 덮고) 습하다.

04 찌개가 끓기 시작하면 냄비를 뚜껑으로 (덥는다 / 덮는다).

 두껍다**와** 두텁다

> 두껍다 : ① 두께가 보통의 정도보다 크다.
> ② 어떠한 집단의 규모가 보통의 정도보다 크다.
>
> 두텁다 : 신의, 믿음, 관계, 인정 따위가 굳고 깊다.

실전 예문

01 4월인데도 그는 (두꺼운 / 두터운) 겨울옷을 입고 있었다.

02 선생님은 제자들에게 (두꺼운 / 두터운) 신망과 존경을 받고 있다.

03 십 년 동안 친구로 지낸 우정이 (두껍다 / 두텁다).

04 이 책은 고객층이 (두꺼워 / 두터워) 잘 팔리고 있다.

5-6 쓰임에 따라 달리지는 띄어쓰기

 '차' 띄어 쓰거나 붙여쓰기

차 (띄어쓰기)	어떤 일의 차례나 횟수를 나타내는 말. 어떠한 일을 하던 기회나 순간. 예 나가려던∨**차에**∨전화가∨왔다.
-차 (붙여쓰기)	어떤 목적을 뜻하는 경우. 예 철새∨**연구차**∨떠난다.

01 유학차미국으로떠난다.

02 제일차세계대전이다.

 '데' 띄어 쓰거나 붙여쓰기

데 (띄어쓰기)	곳, 장소의 뜻을 나타내는 경우. 예 우리가∨놀∨**데가**∨없다.
-데 (붙여쓰기)	'그런데'의 뜻인 경우. 예 야구는∨**잘하는데**∨축구는∨못한다.

01 그가사는데를모른다.

02 비가오는데나가야한다.

띄어쓰기 실전 연습

다음 문장들을 띄어쓰기에 맞게 다시 쓰세요.

01 이제삼차면접만통과하면합격이다.

02 제자들이선생님댁을수십차방문했다.

03 강물은높은데서낮은데로흐른다.

04 빨리집에가야하는데버스가없어못가고있다.

05 천천히서너걸음뒤로물러선다음멈춰섰다.

06 임원회의는여덟시삼십분부터시작이다.

5-7 같은 모양 다른 뜻인 낱말 찾기

모양은 같지만 뜻이 여러 개인 낱말이 있습니다. 오른쪽 표에서
글자를 찾아 다음 예문에 공통으로 들어갈 낱말을 쓰세요.

끈	딱	기	고
지	상	본	목

01

- **물건의 끈끈한 기운.**
  - (예) 찹쌀로 밥을 하면 멥쌀보다 □□가 있다.

- **쉽게 단념하지 아니하고 끈질기게 견디어 나가는 기운.**
  - (예) 한 가지 일에 □□ 있게 매달리는 사람이 성공한다.

02

- **상표 등과 같이 특별한 그림이나 글자를 넣은 작은 종이.**
  - (예) 안전을 위해 품질 인증 □□가 붙어 있는 제품만 산다.

- **종이를 네모나게 접어 만든 장난감.**
  - (예) 학교에서 쉬는 시간마다 □□ 놀이를 한다.

- **사람의 좋지 않은 성격, 신분, 행위 등을 나타내는 말.**
  - (예) 그에게는 배신자라는 □□가 따라다녔다.

03

- **오래된 큰 나무.**
  - (예) 우리 동네에는 삼백 년 된 거대한 □□이 있다.

- **죽어서 마른 나무.**
  - (예) 오랫동안 썩은 채로 방치된 □□을 모두 베다.

5-8 글쓰기 실력 키우는 속담·관용어

다음 예문을 읽고 어울리는 속담과 관용어를 찾아 문장을 완성해 주세요.

말꼬리	엎드려	화살을	수박	꽁무니	고삐를
겉 핥기	잡고	빼고	돌렸다	절 받기	늦추지

01 슬그머니 피하여 물러나다.

> 주인을 보자 아이들은 (　　　　　)를 (　　　　) 달아났다.

02 남의 말 가운데서 잘못 표현된 부분의 약점을 잡다.

> 말만 하면 동생이 (　　　　　)를 (　　　　) 늘어졌다.

03 상대편은 마음에 없는데 자기 스스로 요구하여 대접을 받다.

> (　　　　　) (　　　　　)라도 반드시 사과를 받을 것이다.

04 원망이나 공격 따위를 다른 쪽으로 돌리다.

> 선수들은 골키퍼에게 비난의 (　　　　　) (　　　　　).

05 경계심이나 긴장을 누그러뜨리다.

> 우리 팀은 공격의 (　　　　) (　　　　　) 않았다.

06 사물의 속 내용은 모르고 겉만 건드리는 일을 비유적으로 이르는 말.

> (　　　) (　　　　　) 식으로 공부해서 성적이 나쁘다.

6-1 알면 쓸모 있는 낱말 익히기

 열두 띠로 배우는 시간 이야기

자신이 태어난 해의 띠는 알지만, 그것이 무엇을 의미하는지는 잘 모릅니다. 시계가 없던 옛날에는 '열두 띠 동물(십이지)'로 연, 월, 일 등 시간과 방위를 나타냈습니다. 아래 그림처럼 하루 스물네 시간을 두 시간마다 다른 동물로 표현했습니다. 현재 우리가 사용하고 있는 '자정(밤 12시)'과 '정오(낮 12시)'가 바로 열두 띠의 '자'와 '오'에서 나온 말입니다.

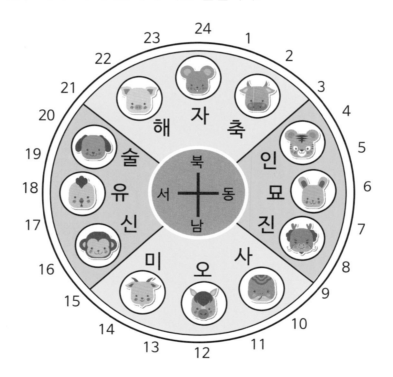

 열두 띠 쉽게 외우기

TV 광고에 나오는 노래를 쉽게 기억하듯 시나 노래처럼 음을 넣으면 좀 더 쉽게 외울 수 있습니다. 다음과 같이 열두 띠를 네 글자씩 쪼개 노랫말처럼 부르며 외워 보세요.

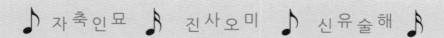

♪ 자축인묘 ♫ 진사오미 ♪ 신유술해 ♫

열두 띠 동물이 나타내는 시간 찾기

다음 빈칸에 해당 동물과 시간을 나타내는 열두 띠를 쓰세요.

| 인 | 자 | 축 | 오 | 진 | 묘 | 미 | 유 | 신 | 사 | 해 | 술 |

동물	시간	특성
	자 (子) **쥐** : 밤 11시 ~ 새벽 1시	쥐가 가장 활발하게 활동하는 시간 (번식을 많이 하는 시간).
	☐ (丑) **소** : 새벽 1시 ~ 새벽 3시	소가 되새김질하면서 아침 밭갈이를 준비하는 시간.
	☐ (寅) **범** : 새벽 3 시 ~ 새벽 5시	호랑이가 가장 센 시간.
	묘 (卯) **토끼** : 새벽 5시 ~ 아침 7시	달이 중천에 떠 있어 옥토끼가 보이는 시간.
	☐ (辰) **용** : 아침 7시 ~ 아침 9시	용이 하늘을 날며 비를 준비하는 시간.
	☐ (巳) **뱀** : 아침 9시 ~ 오전 11시	뱀이 잠들어 사람을 해치지 않는 시간.
	오 (午) **말** : 오전 11시 ~ 낮 1시	음기가 고개를 들어 말이 달리는 시간.
	☐ (未) **양** : 낮 1시 ~ 오후 3시	양이 풀을 먹고 풀이 새롭게 나는 시간.
	☐ (申) **원숭이** : 오후 3시 ~ 오후 5시	원숭이 울음소리가 가장 많이 나는 시간.
	유 (酉) **닭** : 오후 5시 ~ 저녁 7시	모이를 쫓던 닭들이 둥지로 들어가는 시간.
	☐ (戌) **개** : 저녁 7시 ~ 밤 9시	날이 어두워져 개들이 집을 지키기 시작하는 시간.
	☐ (亥) **돼지** : 밤 9시 ~ 밤 11시	돼지가 단잠을 자는 시간.

6-2 어휘력 키우는 비슷한 말과 반대말

 비슷한 말끼리 선 긋기 1

❶ 괜스레 ·   · ㉠ 공식적

❷ 형식적 ·   · ㉡ 공생

❸ 공존 ·   · ㉢ 공연히

❹ 이바지 ·   · ㉣ 공헌

 비슷한 말끼리 선 긋기 2

❶ 은신 ·   · ㉠ 귀양

❷ 유배 ·   · ㉡ 관용

❸ 포용 ·   · ㉢ 은둔

❹ 회귀 ·   · ㉣ 귀환

 밑줄 친 낱말을 비슷한 말로 바꾸기

01 그의 놀라운 그림 솜씨에 <u>감탄</u>이 절로 나왔다.
　　마음속 깊이 크게 느낌.

ㅌ	복

02 건강을 위해 편식하는 <u>습관</u>을 고쳐야 한다.
　　오랫동안 되풀이하는 동안에 저절로 익혀진 행동 방식.

ㅂ	ㄹ

03 민찬이는 손으로 무엇을 만드는 <u>재주</u>가 뛰어나다.
　　무엇을 잘할 수 있는 타고난 능력.

ㅈ	ㄴ

04 그의 작품은 문화계에 신선한 <u>충격</u>을 주었다.
　　슬픈 일이나 뜻밖의 사건 따위로 마음에 받은 심한 영향.

자	ㄱ

반대말끼리 선 긋기 1

❶ 모계 ·   · ㄱ 센물

❷ 급제 ·   · ㄴ 차등

❸ 단물 ·   · ㄷ 낙방

❹ 균등 ·   · ㄹ 부계

반대말끼리 선 긋기 2

❶ 경박하다 ·   · ㄱ 강인하다

❷ 교제하다 ·   · ㄴ 방임하다

❸ 가냘프다 ·   · ㄷ 점잖다

❹ 제한하다 ·   · ㄹ 절교하다

밑줄 친 낱말을 반대말로 바꾸기

01 어린이들의 체력 약화는 운동 <u>부족</u>이 원인이다.
필요한 양이나 기준에 미치지 못해 충분하지 아니함.

과	ㅇ

02 두 형제는 이십 년 만의 <u>상봉</u>에 목 놓아 울었다.
서로 만남.

ㅇ	ㅂ

03 학교에서 <u>개교</u> 오십 주년을 맞아 특별한 운동회를 한다.
학교를 새로 세워 처음으로 운영을 시작함.

ㅍ	ㄱ

04 학교 공사 때문에 당분간 <u>단축</u> 수업을 한다.
시간이나 거리 따위가 짧게 줄어듦.

ㅇ	ㅈ

05 동해에서 보는 <u>일출</u>은 장관이었다.
해가 뜸.

ㅇ	ㅁ

6-3 표현력 키우는 다양한 낱말 모음

 낱말 찾아 문장 완성하기 1

터무니없이	은근슬쩍	송두리째	공연스레

01 지선이는 자신의 점수를 말하며 (　　　　　) 자랑했다.
　　드러나지 않게 슬쩍.

02 그 기념품의 가격은 (　　　　　) 비싸다.
　　허황하여 전혀 근거가 없이.

03 일어나지도 않을 일을 (　　　　　) 걱정했다.
　　까닭이나 실속이 없는 데가 있게.

04 화재로 창고가 (　　　　　) 타 버렸다.
　　있는 전부를 모조리.

낱말 찾아 문장 완성하기 2

너나없이	아무쪼록	우두커니	어김없이

01 (　　　　　) 별일 없이 건강하게 지내라.
　　될 수 있는 대로.

02 그는 오늘도 (　　　　　) 같은 시간에 나타났다.
　　약속 등을 어기는 일이 없이.

03 한국 사람이라면 떡볶이를 (　　　　　) 좋아한다.
　　너와 나를 가릴 것 없이 모두.

04 바닷가에서 한참을 (　　　　　) 바라보기만 했다.
　　넋이 나간 듯이 한 자리에 가만히 서 있거나 앉아 있는 모양.

낱말 찾아 문장 완성하기 3

아무튼	아무리	연거푸	아울러

01 그는 (   ) 힘들어도 운동을 포기하지 않았다.
정도가 매우 심함을 나타내는 말.

02 교통사고로 다리를 다쳤지만, (   ) 무사해서 다행이다.
의견이나 일의 성질, 형편, 상태 따위가 어떻게 되어 있든.

03 지후는 실력과 (   ) 올바른 인성도 갖추고 있다.
동시에 함께.

04 그녀는 감기에 걸려 (   ) 재채기하였다.
잇따라 여러 번 되풀이하여.

낱말 찾아 문장 완성하기 4

다달이	누누이	하물며	넌지시

01 그는 모르는 척하며 (   ) 그녀의 마음을 떠보았다.
드러나지 않게 가만히.

02 어머니는 도시락을 꼭 챙기라고 (   ) 당부하셨다.
여러 번 자꾸 되풀이하여.

03 정기 구독하는 과학 잡지가 (   ) 배달된다.
각각의 달마다.

04 먹을 거 살 돈도 없는데 (   ) 비싼 옷 살 돈이 있겠니?
앞의 사실이 그러하다면 뒤의 사실은 말할 것도 없다는 뜻.

6-4 헷갈리는 맞춤법 완전 정복

틀린 낱말 찾아 바르게 고치기

다음 문장에서 잘못된 맞춤법 찾아 밑줄을 긋고 바르게 고치세요.

01 하영이는 지저분해진 방을 보고 눈쌀을 찌푸렸다.   (   )

02 어머니 등살에 아버지는 술을 끊었다.   (   )

03 부모님께 엉망인 시험지를 보여 드리기 챙피했다.   (   )

04 휴대 전화 밧데리가 다 되어 전원이 꺼졌다.   (   )

05 들판에서 암소와 숫소가 풀을 뜯어 먹고 있었다.   (   )

헷갈리는 낱말에서 맞게 고르기

문장을 잘 읽어 보고 두 개 중 맞춤법에 맞는 낱말을 고르세요.

01 힘든데도 [구지 / 굳이] 따라가겠다면 말리지 않겠다.

02 [먼지떨이 / 먼지털이]로 책장에 쌓인 먼지를 털었다.

03 나는 10년 후 [멋장이 / 멋쟁이] 대학생이 되고 싶다.

04 여름휴가로 [제작년 / 재작년]에 갔던 제주도를 다시 간다.

05 친구와 [등교길 / 등굣길]에 문구점에 잠깐 들렸다.

6-5 비슷해 보이지만 서로 다른 낱말

 작다와 적다

> **작다 :** ① 길이, 넓이, 부피 따위가 비교 대상이나 보통보다 덜하다.
>   ② 정하여진 크기에 모자라서 맞지 아니하다.
>
> **적다 :** 수나 양, 정도가 일정한 기준에 미치지 못하다.

`실전 예문`

01 그는 두 살 어린 동생보다 키가 훨씬 (작다 / 적다).

02 작년에 산 원피스는 이제 (작아서 / 적어서) 입을 수 없다.

03 힘든 일인데 급여가 너무 (작아 / 적어) 마음에 들지 않았다.

04 모든 메뉴가 양이 너무 (작아 / 적어) 먹고 나서도 배고프다.

 젓다와 젖다

> **젓다 :** ① 액체나 가루 등이 고르게 섞이도록 손이나 기구 등으로 이리저리 돌리다.
>   ② 배나 맷돌 등을 움직이려고 노나 손잡이를 같은 방향으로 계속 움직이다.
>
> **젖다 :** ① 물이 배어 축축하게 되다.
>   ② 어떤 감정이나 생각에 깊이 빠지다.

`실전 예문`

01 강을 건너기 위해 열심히 배를 (젓다 / 젖다).

02 우리가 함께한 아름다운 추억에 (젓는다 / 젖는다).

03 커피에 설탕을 넣고 숟가락으로 (젓는다 / 젖는다).

04 가랑비에 옷이 축축하게 (젓다 / 젖다).

6-6 낱말 바르게 소리내기

 낱말을 왜 소리 나는 대로 쓰지 않나요?

한글 맞춤법의 기본 원칙은 '표준어를 소리 나는 대로 적되, 어법에 맞도록 함을 원칙으로 한다.' 입니다. 하지만 무턱대고 소리 나는 대로 적으면 뜻을 정확하게 전달할 수 없습니다. 예를 들어, '꽃이'를 소리 나는 대로 적으면 [꼬치]가 됩니다. 이럴 경우 먹는 '꼬치'와 구별이 안 됩니다. 그러므로 일정한 규칙에 따라 낱말을 읽을 때와 쓸 때를 구분해야 합니다.

 낱말을 쓸 때와 읽을 때가 달라요

아래와 같이 모두 '꽃'이라는 단어가 들어가지만, [꼬치], [꼰닙], [꼳까루] 등과 같이 소리 나는 대로 적으면 무슨 말인지 알 수 없습니다. 글자를 쓰는 것과 읽는 것이 다른 이유는 우리가 보다 편하게 발음하고, 의미를 보다 정확하게 전달하기 위해서입니다.

	낱말 쓰기	낱말 읽기
꽃	꽃이	[꼬치]
	꽃잎	[꼰닙]
	꽃가루	[꼳까루]

 모양과 뜻은 달라도 발음은 같아요

농사 기구인 '낫', 해가 떠 있는 '낮', 사람 얼굴인 '낯' 모두 모양도 뜻도 다르지만, 읽을 때는 모두 [낟]으로 소리 납니다.

낫 [낟]　　　　　낮 [낟]　　　　　낯 [낟]

'낫, 낮, 낯'의 글자 받침은 'ㅅ, ㅈ, ㅊ'으로 다르지만, 소리는 모두 [ㄷ]로 발음됩니다. 이처럼 글자 받침인 자음의 소리는 쓸 때와 다르게 소리 나기도 합니다.

받침 [ㄱ / ㄲ / ㅋ] 소리내기

받침이 있는 낱말을 읽을 때 받침인 끝소리는 'ㄱ, ㄴ, ㄷ, ㄹ, ㅁ, ㅂ, ㅇ' 7개 중 하나로 소리
납니다. 받침이 'ㄱ, ㄲ, ㅋ'으로 끝나는 낱말의 경우 모두 [ㄱ]으로 소리 납니다.
다음 낱말을 소리 나는 대로 쓰세요.

01   수박 ➡ [   ]   02   밖 ➡ [   ]

03   주먹 ➡ [   ]   04   부엌 ➡ [   ]

05   들녘 ➡ [   ]   06   낚시 ➡ [   ]

 받침 [ㅂ / ㅍ] 소리내기

받침이 'ㅂ, ㅍ'으로 끝나는 낱말의 경우 모두 [ㅂ]으로 소리 납니다.
다음 낱말을 소리 나는 대로 쓰세요.

01   밥 ➡ [   ]   02   앞 ➡ [   ]

03   숲 ➡ [   ]   04   옆 ➡ [   ]

받침 [ㄷ / ㅌ / ㅅ / ㅆ / ㅈ / ㅊ / ㅎ] 소리내기

받침이 'ㄷ, ㅌ, ㅅ, ㅆ, ㅈ, ㅊ, ㅎ'으로 끝나는 낱말의 경우 모두 [ㄷ]으로 소리 납니다.
다음 낱말을 소리 나는 대로 쓰세요.

01 곧 ➡ [   ]   02 솥 ➡ [   ]

03 낫 ➡ [   ]   04 있다 ➡ [   ]

05 낮다 ➡ [   ]   06 히읗 ➡ [   ]

기초 연습 밑줄 친 낱말을 소리 나는 대로 쓰세요.

01 걸레로 책상을 **닦다**.   [   ]

02 나를 보고 생긋 **웃다**.   [   ]

도움말
세게 소리 내는 된소리

'등불'이란 낱말을 소리 내어 읽으면 [등뿔]로 소리 납니다. 이처럼 세게 발음하는 것을 '된소리'
라고 하는데, 된소리는 낱말을 더 쉽게 소리내기 위해 세게 읽는 것입니다.

| **예사소리** ㄱ ㄷ ㅂ ㅅ ㅈ ➡ **된소리** ㄲ ㄸ ㅃ ㅆ ㅉ |

예 신발을 **신고** ➡ [신꼬]   개를 **안고** ➡ [안꼬]

실전 연습 다음 밑줄 친 낱말을 소리 나는 대로 쓰세요.

01 재료를 **섞다**.   [   ]

02 창문을 **닦고** 가라.   [   ]

03 꽃을 **꺾지** 마세요.   [   ]

04 **돗자리**를 펴자.   [   ]

05 개가 **짖고** 있다.   [   ]

06 **젓가락질**을 잘한다.   [   ]

07 뚜껑을 **덮고** 해라.   [   ]

08 고기를 **볶다**.   [   ]

09 강이 **깊지** 않아요.   [   ]

10 **늦잠** 자고 싶다.   [   ]

7-1 알면 쓸모 있는 낱말 익히기

문장의 종류 찾기

| 감탄문 | 평서문 | 청유문 | 의문문 | 명령문 |

01 말하는 이가 어떤 일의 내용이나 자기 생각을 있는 그대로 평범하게 전달하는 문장입니다. 문장 끝에 마침표(.)를 씁니다. (　　　　　　)

02 말하는 이가 듣는 이에게 무언가를 묻는 문장으로 그에 대한 대답을 요구하는 문장입니다. 문장 끝에 물음표(?)를 씁니다. (　　　　　　)

03 말하는 이가 기쁨, 슬픔, 놀람 등의 느낌을 나타낸 문장을 말합니다.
문장 끝에 느낌표(!)를 씁니다. (　　　　　　)

04 말하는 이가 듣는 이에게 어떤 일이나 행동을 하도록 요구하는 문장입니다.
문장 끝에 마침표(.)를 씁니다. (　　　　　　)

05 말하는 이가 듣는 이에게 어떤 행동을 함께하기를 요청하는 문장입니다.
문장 끝에 마침표(.)를 씁니다. (　　　　　　)

실전 예문 다음 문장들의 종류를 쓰세요.

01 우리 함께 청소하자. (　　　　　　)

02 누가 가장 먼저 도착했니? (　　　　　　)

03 편식하지 말고 골고루 먹어라. (　　　　　　)

04 어제 수영장에 갔다. (　　　　　　)

05 인형이 참 귀엽구나! (　　　　　　)

우리말의 종류 찾기

한자어	고유어	외국어	외래어

01 우리 민족이 본래부터 가지고 있는 말로 '토박이말'이라고도 합니다.
　　예 아버지, 어머니, 하늘, 땅　　　　　　　　　　　　　　（　　　　　　　　）

02 한자를 바탕으로 하여 만들어진 낱말입니다.
　　예 학교(學校), 교실(敎室), 학생(學生)　　　　　　　　（　　　　　　　　）

03 다른 나라에서 들어온 말로, 우리말처럼 쓰이는 낱말입니다.
　　예 라디오, 버스, 택시, 텔레비전　　　　　　　　　　　（　　　　　　　　）

04 다른 나라의 말로 국어로 정착되지 않은 낱말입니다.
　　예 굿모닝, 무비, 밀크　　　　　　　　　　　　　　　　（　　　　　　　　）

낱말 초성 퀴즈

01 물체가 나아가거나 일이 진행되는 빠르기.

ㅅ	ㄷ

02 기계 따위가 지닌 성질이나 기능.

성	ㄴ

03 광선, 온도, 습도 따위를 조절하여 각종 식물을 재배하는 구조물.

ㅇ	ㅅ

04 익은 농작물을 거두어들임.

ㅅ	ㅎ

05 식물을 심어 가꿈.

ㅈ	ㅂ

7-2 어휘력 키우는 비슷한 말과 반대말

 비슷한 말끼리 선 긋기 1

❶ 민첩하다 ·   · ㉠ 넘실거리다

❷ 유별나다 ·   · ㉡ 날렵하다

❸ 너울거리다 ·   · ㉢ 별다르다

❹ 겸연쩍다 ·   · ㉣ 남부끄럽다

 비슷한 말끼리 선 긋기 2

❶ 낯설다 ·   · ㉠ 난폭하다

❷ 난해하다 ·   · ㉡ 어렵다

❸ 과격하다 ·   · ㉢ 생소하다

❹ 내걸다 ·   · ㉣ 앞세우다

 밑줄 친 낱말을 비슷한 말로 바꾸기

01 그는 한순간의 실수로 인해 <u>신세</u>를 망쳤다.
　　불행한 일과 관련된 한 사람의 상황이나 형편.

ㅊ	ㅈ

02 가을이 되자 농부들은 <u>가을걷이</u>에 쉴 틈이 없었다.
　　가을에 익은 곡식을 거두어들임.

ㅊ	ㅅ

03 수학 문제를 푸는 <u>방식</u>이 잘못되어 답을 틀렸다.
　　일정한 방법이나 형식.

ㅂ	ㅂ

04 할아버지는 전통 도자기를 빚는 일에 큰 <u>긍지</u>를 가지고 계신다.
　　자신의 능력을 자랑스럽게 여기는 당당한 마음.

보	ㄹ

반대말끼리 선 긋기 1

1 유심히 ·   · ㄱ 경직성

2 유동적 ·   · ㄴ 오름세

3 유연성 ·   · ㄷ 고정적

4 내림세 ·   · ㄹ 무심히

 반대말끼리 선 긋기 2

1 끊다 ·   · ㄱ 단출하다

2 길하다 ·   · ㄴ 거뜬하다

3 복잡하다 ·   · ㄷ 잇다

4 뻐근하다 ·   · ㄹ 흉하다

 밑줄 친 낱말을 반대말로 바꾸기

01 집을 떠나 혼자 지내는 <u>객지</u> 생활이 쉽지는 않다.
   자기가 원래 살던 곳을 떠나 머무르는 곳.

ㄱ	ㅎ

02 세상은 아직 살만한 곳이라고 <u>낙관</u>을 하게 되었다.
   인생이나 세상을 밝고 희망적인 것으로 봄.

ㅂ	ㄱ

03 베트남은 3월부터 9월까지가 <u>건기</u>라서 여행하기 좋다.
   비가 많이 내리지 않아 메마른 시기.

ㅇ	ㄱ

04 3월은 봄이지만 아직 밤에는 <u>난방</u>을 해야 한다.
   실내의 온도를 높여 따뜻하게 하는 일.

ㄴ	ㅂ

05 나는 폭력을 쓰는 사람을 <u>경멸</u>한다.
   매우 싫어하거나 무시하는 듯한 태도로 낮추어 봄.

ㅈ	ㄱ

7-3 표현력 키우는 다양한 낱말 모음

 낱말 찾아 문장 완성하기 1

감쪽같이	꼼짝없이	속절없이	느닷없이

01 비행기가 결항이라 ( ) 공항에서 자야 한다.
현재의 상태를 벗어날 방법이나 여지가 전혀 없이.

02 잘 놀던 아기가 ( ) 울기 시작했다.
나타나는 모양이 아주 뜻밖이고 갑작스럽게.

03 백성은 탐관오리의 횡포에 ( ) 당해야 했다.
단념할 수밖에 달리 어찌할 도리가 없이.

04 숨겨 둔 과자가 ( ) 없어졌다.
남이 알 수 없을 정도로 꾸미거나 고친 흔적이 없이.

 낱말 찾아 문장 완성하기 2

공연히	빠끔히	엄연히	골똘히

01 그는 아까부터 무엇인가를 ( ) 생각하고 있었다.
한 가지 일에 온 정신을 쏟아 딴생각이 없이.

02 누가 왔는지 보기 위해 문틈으로 ( ) 내다보았다.
작은 구멍이나 틈 사이로 조금만 보이는 모양.

03 심술이 난 언니는 ( ) 트집을 잡았다.
아무 까닭이나 실속이 없게.

04 자유를 가지는 동시에 ( ) 책임도 따른다.
누구도 부인할 수 없을 정도로 명백하게.

낱말 찾아 문장 완성하기 3

| 우직한 | 유창한 | 유력한 | 허비한 |

01 그동안 게임에 빠져 (　　　　　) 시간이 아깝다.
　　아무런 보람이나 이득이 없이 쓰다.

02 연우는 (　　　　　) 말솜씨로 학급회장이 되었다.
　　말을 하거나 글을 읽는 것이 물 흐르듯이 거침없다.

03 그는 이번 대회에서 가장 (　　　　　) 우승 후보이다.
　　가능성이 크다.

04 그녀는 약속을 반드시 지키는 (　　　　　) 성격이다.
　　어리석을 정도로 융통성이 없고 고집이 세다.

 낱말 찾아 문장 완성하기 4

| 긴박한 | 기민한 | 긴밀한 | 기발한 |

01 그는 (　　　　　) 움직임으로 위기에 잘 대처했다.
　　눈치가 빠르고 동작이 날쌔다.

02 문제를 해결할 (　　　　　) 생각이 떠올랐다.
　　유달리 재치가 뛰어나다.

03 지금은 두 나라 간의 (　　　　　) 협의가 필요한 때이다.
　　서로의 관계가 매우 가까워 빈틈이 없다.

04 구조대원이 (　　　　　) 상황에서 부상자를 신속하게 구조했다.
　　매우 다급하고 절박하다.

7-4 공통으로 들어갈 낱말 찾기

다음은 같은 모양의 한 글자 낱말이지만, 다양한 상황에서 사용되는 낱말에 대해 알아보겠습니다.
아래 예문에 공통으로 들어갈 알맞은 낱말을 찾아 쓰세요.

상	철	만	턱	채

01

- **사람의 입 아래에 있는 뾰족하게 나온 부분.**
  (예) 고등학생 형의 □에 수염이 나기 시작했다.

- **평평한 곳의 어느 한 부분이 갑자기 조금 높이 된 자리.**
  (예) 불을 켜기 위해 걷다가 문 □에 걸려 넘어졌다.

- **좋은 일이 있을 때 다른 사람에게 음식을 대접하는 일.**
  (예) 대회에서 우승한 연호가 친구들에게 우승 □을 냈다.

- **그렇게 되어야 할 까닭이나 이유.**
  (예) 세 시간 동안 낮잠을 잤으니 밤에 잠이 올 □이 없었다.

02

- **계절을 의미함.**
  (예) □에 따라 옷을 바꿔야 한다.

- **한 해 가운데서 어떤 일을 하기에 좋은 시기나 때.**
  (예) 봄은 이사 □이라 집을 구하기 어렵다.

- **사리를 분별할 수 있는 힘.**
  (예) 아직은 □이 없는 어린 아이다.

7-5 헷갈리는 맞춤법 완전 정복

틀린 낱말 찾아 바르게 고치기

다음 문장에서 잘못된 맞춤법 찾아 밑줄을 긋고 바르게 고치세요.

01 그 애는 처음 보는 낯설은 얼굴이다.   (   )

02 그녀는 시험에 합격하자 깡총깡총 뛰며 기뻐했다.   (   )

03 구석구석 세수하면서 눈꼽도 닦아요.   (   )

04 어느새 동녁 하늘이 발갛게 물들었다.   (   )

05 다리가 부러져 한 달 동안 기브스를 해야 한다.   (   )

헷갈리는 낱말에서 맞게 고르기

문장을 잘 읽어 보고 두 개 중 맞춤법에 맞는 낱말을 고르세요.

01 제주도에는 화산 [폭발 / 폭팔] 로 생긴 절벽과 현무암이 많다.

02 학교에서 돌아오자 뭉치가 낑낑대며 [반가와 / 반가워] 했다.

03 신제품이 출시되자마자 날개 [돋친 / 돋힌] 듯 팔렸다.

04 학교에서 하는 연극에 조연으로 [출연 / 출현] 한다.

05 이 식당은 음식도 맛있고 [써비스 / 서비스] 도 좋다.

7-6 받침 뒤에 모음 낱말 소리내기

다음과 같이 받침 뒤의 글자가 모음이 오는 경우, 받침이 모음으로 넘어가 소리 납니다.
예를 들어 '손이'의 경우, 받침 'ㄴ'이 모음 '이'로 넘어가 [소니]로 소리 납니다.

받침		모음
ㄱ ㄴ ㄷ ㄹ ㅁ ㅂ ㅅ ㅈ ㅉ ㅊ ㅋ ㅌ ㅍ	✚	ㅏ ㅑ ㅓ ㅕ ㅗ ㅛ ㅜ ㅠ ㅡ ㅣ ……

받침이 뒤의 모음으로 넘어가 소리 납니다.

다음 예제를 통해 받침 그대로가 뒤의 모음으로 넘어가 소리 나는 낱말을 익혀 보세요.

예 악어 ➡ ㄱ + 어 ➡ [아거]

예 얼음 ➡ ㄹ + 으 ➡ [어름]

기초 연습

쓰기	소리내기	쓰기	소리내기
문어	01 [ ]	맛이	02 [ ]
걷어	03 [ ]	꽃이	04 [ ]

실전 연습 다음 밑줄 친 낱말을 소리 나는 대로 쓰세요.

01 **목이** 아프다.   [   ]

02 **어린이** 보호 구역이다.   [   ]

03 **군인** 옷이 필요하다.   [   ]

04 **믿음이** 중요하다.   [   ]

05 **물이** 부족하다.   [   ]

06 **구름이** 많다.   [   ]

07 **일요일** 좋아.   [   ]

08 **울음소리**가 들린다.   [   ]

09 **숲으로** 향한다.   [   ]

10 **부엌이** 어디인가요?   [   ]

7-7 같은 모양 다른 뜻인 낱말 찾기

모양은 같지만 뜻이 여러 개인 낱말이 있습니다. 오른쪽 표에서
글자를 찾아 다음 예문에 공통으로 들어갈 낱말을 쓰세요.

사	소	기	식
민	양	화	지

01

● **먹은 음식물을 뱃속에서 분해하여 영양분으로 흡수함.**

　(예) 점심때 먹은 것이 □□가 잘 안 된다.

● **불을 끔.**

　(예) 산불에 대한 비상 □□ 대책 회의가 열렸다.

02

● **의욕이나 자신감 따위로 충만하여 굽힐 줄 모르는 기세.**

　(예) 우리 선수단의 □□가 하늘을 찌를 듯하다.

● **자신의 이익을 위해 나쁜 꾀로 남을 속임.**

　(예) 노인을 상대로 한 □□ 사건이 발생했다.

03

● **일정한 모양이나 형식.**

　(예) 정해진 □□에 맞게 보고서를 작성하세요.

● **오랜 시간을 거치며 자연스럽게 정해진 공통의 방식.**

　(예) 각 나라마다 고유의 생활 □□이 존재한다.

7-8 글쓰기 실력 키우는 속담 · 관용어

다음 예문을 읽고 어울리는 속담과 관용어를 찾아 문장을 완성해 주세요.

| 뒤통수 | 온실 속의 | 간이 | 삼십육계 | 갈수록 | 시치미 |
| 줄행랑 | 태산 | 맞아 | 뗀다 | 화초 | 콩알만 |

01 매우 급하게 도망을 치다.

개가 짖자 도둑은 (　　　　　　　) (　　　　　　　)을 쳤다.

02 자기가 하고도 하지 아니한 체하거나 모르는 척하다.

숨겨 둔 과자를 먹고 동생은 (　　　　　)를 (　　　　　).

03 배신이나 배반을 당하다.

믿었던 친구에게 (　　　　　)를 (　　　　　) 파산했다.

04 어려움 없이 그저 곱게만 자란 사람을 비유할 때 쓰는 말.

그녀는 (　　　　　　　) (　　　　　)처럼 자라 혼자 못 한다.

05 몹시 두려워지거나 무서워지다.

롤러코스터가 내려갈 때 (　　　　) (　　　　　) 해졌다.

06 갈수록 더욱 어려운 상황에 처하는 것을 비유하는 말.

(　　　　　) (　　　　　)이라더니 지하철도 끊기고 버스도 없다.

맞춤법 · 어휘력 국어 실력 8단원

 8-1 알면 쓸모 있는 낱말 익히기

 낱말 사이의 의미 관계 익히기

하의어	유의어	상의어	반의어

01 뜻이 서로 비슷한 낱말.
　　예 마을 – 동네, 어린이 – 아이

02 서로 반대되는 뜻을 가진 낱말.
　　예 적군 – 아군, 주인 – 손님

03 어떤 낱말의 의미를 포함하는 낱말.
　　예 꽃 〉 개나리, 진달래, 목련

04 어떤 낱말의 의미에 포함되는 낱말.
　　예 연필, 공책, 지우개 〈 학용품

 낱말 초성 퀴즈 1

01 신선한 정도.

신	ㅅ	ㄷ

02 실속 없이 헛된 말.

	ㅂ	ㅁ

03 싸움하던 것을 멈추고 좋지 않은 감정을 풀어 없앰.

	ㅎ	ㅎ

04 화가나 조각가가 그림을 그리거나 조각을 하는 방.

화	ㅅ	

기상 관련 어휘 찾기

냉해	우박	폭설	서리

01 갑자기 주먹만 한 ( )이 쏟아져 자동차가 찌그러졌다.
　　큰 물방울들이 공중에서 갑자기 찬 기운을 만나 얼어 떨어지는 얼음덩어리.

02 밤사이 쌀쌀했는지 화단에 ( )가 하얗게 내렸다.
　　공기 중의 수증기가 땅 위의 물체 겉에 얼어붙은 것.

03 지난밤에 내린 ( )로 도로가 폐쇄되었다.
　　갑자기 많이 내리는 눈.

04 올해 사과는 여름에 당한 ( ) 때문에 맛이 없다.
　　여름철의 이상 저온이나 일조량 부족으로 농작물이 자라는 도중에 입는 피해.

낱말 초성 퀴즈 2

01 자기 신분에 맞는 한도.

ㅂ	수

02 집터에 딸리거나 집 가까이 있는 밭.

ㅌ	ㅂ

03 자연이나 사람에게 피해를 주지 않음.

ㅁ	ㄱ	해

04 땅 위로 내민 돌멩이의 뾰족한 부분.

돌	ㅂ	ㄹ

05 회의에서 많은 사람의 의견에 따라 안건을 결정하는 일.

다	ㅅ	ㄱ

8-2 어휘력 키우는 비슷한 말과 반대말

 비슷한 말끼리 선 긋기 1

❶ 노린내 ·　　　　　· ㉠ 어림짐작

❷ 넋두리 ·　　　　　· ㉡ 짐수레

❸ 눈대중 ·　　　　　· ㉢ 누린내

❹ 달구지 ·　　　　　· ㉣ 하소연

 비슷한 말끼리 선 긋기 2

❶ 곤란하다 ·　　　　· ㉠ 뛰어나다

❷ 기발하다 ·　　　　· ㉡ 극심하다

❸ 기피하다 ·　　　　· ㉢ 난감하다

❹ 막심하다 ·　　　　· ㉣ 꺼리다

 밑줄 친 낱말을 비슷한 말로 바꾸기

01 그의 <u>차림새</u>를 보아 경찰관이 분명하다.
　　꾸미고 갖추어서 차린 모양.

용	ㅁ

02 동생에게 말로 상처를 준 것은 내 <u>본심</u>이 아니었다.
　　꾸밈이나 거짓이 없는 마음.

ㅈ	ㅅ

03 그 제품은 종합 검사에서 불합격 <u>판정</u>을 받았다.
　　옳고 그름이나 좋고 나쁨을 구별하여 결정함.

ㅍ	ㄱ

04 <u>발췌</u>는 간단하면서도 핵심 내용이 들어가야 한다.
　　책이나 글에서 필요하거나 중요한 부분을 가려 뽑아 냄.

요	ㅇ

반대말끼리 선 긋기 1

❶ 기공식 ·　　　　　 · ㄱ 알맹이

❷ 대가족 ·　　　　　 · ㄴ 장끼

❸ 껍데기 ·　　　　　 · ㄷ 준공식

❹ 까투리 ·　　　　　 · ㄹ 핵가족

 반대말끼리 선 긋기 2

❶ 임시 ·　　　　　 · ㄱ 사전

❷ 사후 ·　　　　　 · ㄴ 첨가

❸ 삭제 ·　　　　　 · ㄷ 정기

❹ 근시 ·　　　　　 · ㄹ 원시

 밑줄 친 낱말을 반대말로 바꾸기

01 미술관에 피카소의 유명한 <u>걸작</u>들이 전시된다.
　　매우 훌륭한 작품.

ㅈ	작

02 새 학년 첫 짝꿍은 예전에 같은 학원에 다녀 <u>구면</u>이었다.
　　예전부터 알고 있는 사람.

ㅊ	ㅁ

03 이 강에는 겨울마다 수많은 <u>철새</u>가 날아온다.
　　계절을 따라 이리저리 옮겨 다니며 사는 새.

ㅌ	ㅅ

04 그 예술가는 평생 <u>빈곤</u>과 굶주림에 시달렸다.
　　가난하여 살기가 어려움.

ㅍ	ㅇ

05 그 집을 둘러싼 철조망에는 <u>고압</u> 전류가 흐르고 있다.
　　높은 압력.

ㅈ	ㅇ

8-3 표현력 키우는 다양한 낱말 모음

 낱말 찾아 문장 완성하기 1

새삼스레	고스란히	살그머니	시시콜콜

01 동생이 잠에서 깨지 않게 (   ) 방에서 나왔다.
　남이 알아차리지 못하게 살며시.

02 개나리를 보고 봄이 온 것을 (   ) 깨달았다.
　이전의 느낌이나 감정이 다시금 새롭게.

03 우리 자매는 하루 일을 (   ) 모두 이야기한다.
　몹시 작은 것까지 낱낱이 따지거나 다루는 모양.

04 아침에 준 강아지 밥이 (   ) 남아 있었다.
　줄어들거나 변하지 아니하고 원래의 상태 그대로.

 낱말 찾아 문장 완성하기 2

예사로	하여간	그토록	이다지

01 (   ) 우리는 그 일에는 신경 쓰지 말자.
　어떤 이유가 있든지 간에.

02 그 사람은 어떤 약속을 해도 (   ) 어긴다.
　보통 일처럼 아무렇지도 아니하게.

03 일주일 만에 가족이 (   ) 보고 싶을 줄이야.
　이러한 정도로. 또는 이렇게까지.

04 내가 (   ) 말렸지만 소용이 없었다.
　그러한 정도로까지.

낱말 찾아 문장 완성하기 3

여러모로	얼렁뚱땅	그런대로	마음대로

01 나와의 약속을 어긴 것에 대해 (   ) 둘러댄다.
어떤 상황을 대충 얼버무려 슬쩍 넘기는 모양.

02 선물 받은 이 가방은 (   ) 쓸모가 많다.
여러 방면으로.

03 뷔페에서는 음식을 (   ) 골라 먹을 수 있다.
하고 싶은 대로.

04 이곳은 겨울에 춥지만 봄에는 (   ) 지낼만하다.
만족스럽지는 아니하지만 그러한 정도로.

 낱말 찾아 문장 완성하기 4

만날	마냥	오죽	마구

01 친구가 올 때까지 (   ) 기다렸다.
언제까지나 줄곧.

02 한동안 비바람이 (   ) 몰아쳤다.
몹시 세차게.

03 그 아이는 집에서 (   ) 컴퓨터만 한다.
매일같이 계속하여서.

04 (   ) 급했으면 맨발로 뛰어왔겠니?
동작의 강도가 세거나 상태의 정도가 심하게.

8-4 헷갈리는 맞춤법 완전 정복

틀린 낱말 찾아 바르게 고치기

다음 문장에서 잘못된 맞춤법 찾아 밑줄을 긋고 바르게 고치세요.

01 학교에 학생들을 위한 휴계실이 생겼다.　　　　　(　　　　　　)

02 빈칸에 알맞는 답을 쓰세요.　　　　　　　　　　(　　　　　　)

03 멀지않아 진실은 밝혀질 것이다.　　　　　　　　(　　　　　　)

04 몸이 아픈 나를 친구가 집까지 바라다주었다.　　(　　　　　　)

05 스폰지로 쏟아진 물을 빨아들였다.　　　　　　　(　　　　　　)

헷갈리는 낱말에서 맞게 고르기

문장을 잘 읽어 보고 두 개 중 맞춤법에 맞는 낱말을 골라 주세요.

01 쌀가마를 어깨에 [질머지고 / 짊어지고] 나른다.

02 바구니에 사과가 [여닐곱 / 예닐곱] 개 정도 남아 있다.

03 독수리가 커다란 날개를 [피고 / 펴고] 날아올랐다.

04 우리 집 개는 낯선 사람에게 사납게 [짓는다 / 짖는다].

05 할머니는 [육계장 / 육개장]을 맛있게 끓이신다.

8-5 홑받침 바르게 소리내기

 받침이 [ㄴ]으로 소리 나는 경우

여기에서는 받침이 [ㄴ]으로 소리 나는 낱말에 대해 알아보겠습니다. 아래 '꽃나무'의 경우, 앞말인 '꽃'의 받침 'ㅊ'이 뒷말의 첫소리 'ㄴ'을 만나 받침 'ㅊ'이 [ㄴ]으로 소리 납니다.

(예) 꽃나무 ➡ ㅊ + ㄴ ➡ [꼰나무]

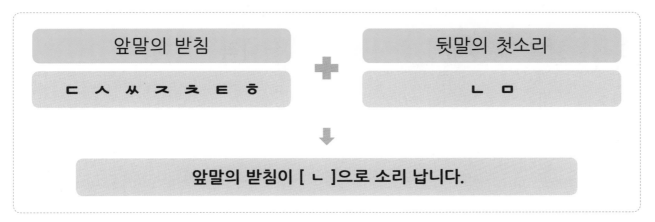

앞말의 받침

ㄷ ㅅ ㅆ ㅈ ㅊ ㅌ ㅎ

뒷말의 첫소리

ㄴ ㅁ

앞말의 받침이 [ㄴ]으로 소리 납니다.

 첫소리가 [ㄴ]으로 소리 나는 경우

앞말의 받침이 'ㅁ, ㅇ'이고, 뒷말의 첫소리가 'ㄹ'인 경우, 뒷말의 첫소리가 [ㄴ]으로 소리 납니다. 예를 들어, '정류장'의 앞말(정)의 받침 'ㅇ'과 뒷말(류)의 첫소리 'ㄹ'이 만나 뒷말의 첫소리가 [ㄴ]으로 소리 나므로 [정뉴장]으로 읽습니다.

(예) 정류장 ➡ ㅇ + ㄹ ➡ [정뉴장]

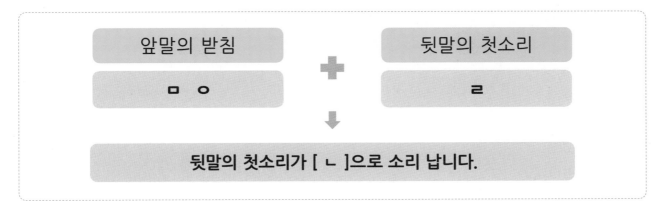

앞말의 받침

ㅁ ㅇ

뒷말의 첫소리

ㄹ

뒷말의 첫소리가 [ㄴ]으로 소리 납니다.

'ㄴ'과 'ㄹ'이 만나 [ㄹ]로 소리 나는 경우

만약 'ㄴ'과 'ㄹ'이 서로 앞이나 뒤에 오면 둘 모두 [ㄹ]로 소리 납니다. 예를 들어, '설날'의 경우 앞말의 받침 'ㄹ'과 뒷말이 첫소리 'ㄴ'이 만나 [설랄]로 소리 납니다.

예 설날 ➡ ㄹ + ㄴ ➡ [설랄]

기초 연습

쓰기	소리내기	쓰기	소리내기
칼날	01 [ ]	달나라	02 [ ]

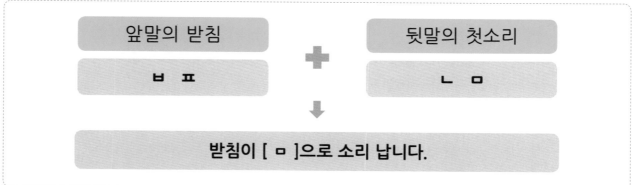 받침이 [ㅁ]으로 소리 나는 경우

앞말의 받침 'ㅁ, ㅍ'과 뒷말의 첫소리 'ㅁ'이 만나면 받침이 [ㅁ]으로 소리 납니다. 예를 들어, '앞문'은 앞말 받침 'ㅍ'이 뒷말 첫소리 'ㅁ'을 만나면 [암문]으로 소리 납니다.

예 앞문 ➡ ㅍ + ㅁ ➡ [암문]

앞말의 받침		뒷말의 첫소리
ㅂ ㅍ	➕	ㄴ ㅁ

⬇

받침이 [ㅁ]으로 소리 납니다.

기초 연습

쓰기	소리내기	쓰기	소리내기
옆머리	01 [ ]	입맛	02 [ ]

받침이 [ㅇ]으로 소리 나는 경우

앞말의 받침 'ㄱ, ㄲ, ㅋ'과 뒷말의 첫소리 'ㄴ, ㅁ'이 만나면 받침이 [ㅇ]으로 소리 납니다. 예를 들어, '국물'은 앞말 받침 'ㄱ'과 뒷말 첫소리 'ㅁ'이 만나 [궁물]로 소리 납니다.

예 **국물** ➡ **ㄱ + ㅁ** ➡ **[궁물]**

앞말의 받침		뒷말의 첫소리
ㄱ ㄲ ㅋ	➕	ㄴ ㅁ

⬇

받침이 [ㅇ]으로 소리 납니다.

`기초 연습`

쓰기	소리내기	쓰기	소리내기
먹물	01 [ ]	막내	02 [ ]

`실전 연습 1` 다음 밑줄 친 낱말을 소리 나는 대로 쓰세요.

01 **박물관** 앞에서 만나자. [   ]

02 **부엌문** 뒤에 두세요. [   ]

03 소금을 **섞는다**. [   ]

04 **국민**체조를 하자. [   ]

실전 연습 2 다음 밑줄 친 낱말을 소리 나는 대로 쓰세요.

01 오늘 학교 **끝나고** 놀자. [   ]

02 치과에서 **덧니**를 뽑는다. [   ]

03 시원한 **음료수** 주세요. [   ]

04 따뜻한 **난로** 앞에 앉는다. [   ]

05 내일 **줄넘기** 대회를 한다. [   ]

06 저는 **삼 학년** 이 반입니다. [   ]

07 마을에 **물난리**가 났다. [   ]

08 쓰레기를 **줍는** 사람이 있다. [   ]

09 화분을 **앞마당** 구석에 놓다. [   ]

10 장난하다 **실내화** 주머니가 터졌다. [   ]

8-6 글쓰기 실력 키우는 속담 · 관용어

다음 예문을 읽고 어울리는 속담과 관용어를 찾아 문장을 완성해 주세요.

어안이 　바가지 　꿀 먹은 　달밤 　법 없이

체조 　벙벙 　살 　벙어리 　찬바람이 　씌웠다

01 속에 있는 생각을 나타내지 못하는 사람을 비유하는 말.

쏟아지는 질문에 그는 (　　　　　) (　　　　　)가 되었다.

02 격에 맞지 않은 짓을 함을 핀잔하는 말.

자다 말고 갑자기 노래라니, (　　　　)에 (　　　　)하냐!

03 요금이나 물건값을 실제 가격보다 비싸게 받는 것.

여행객들에게는 세 배 비싸게 (　　　　)를 (　　　　).

04 마음이 곧고 착하여 나쁜 짓을 하지 않는 것.

그 사람은 (　　　　　) (　　　) 정도로 착하다.

05 뜻밖에 놀랍거나 기막힌 일을 당하여 어리둥절함.

그의 황당한 대답에 (　　　　) (　　　　)했다.

06 마음이나 분위기가 살벌하여지다.

화가 난 그녀의 얼굴에서 (　　　　　) 일었다.

9-1 알면 쓸모 있는 낱말 익히기

독립운동 관련 낱말 익히기

의사	열사	순국	지사

01 목숨을 바쳐 맨몸으로 비폭력 투쟁을 하신 분에게 붙이는 칭호.

(   )

02 목숨을 바쳐 총과 폭탄 등 무력으로 투쟁하신 분에게 붙이는 칭호.

(   )

03 나라와 민족을 위해 헌신하고 적에게 항거하신 분에게 붙이는 칭호.
살아 있는 사람에게 붙일 수 있음.   (   )

04 나라를 위해 목숨을 바치는 것을 의미함.   (   )

실전 예문

01 하얼빈 역에서 초대 조선 통감 '이토 히로부미'를
총으로 쏴 죽인 투사.

안중근 ☐☐

02 3.1 운동으로부터 시작된 만세 운동을 천안에서 주도
하고 서대문 형무소에서 순국함.

유관순 ☐☐

낱말 초성 퀴즈 1

01 어떤 일을 행하거나 요구할 수 있는 힘이나 자격.

ㄱ | 리

02 사람으로서 마땅히 하여야 할 일.

ㅇ | ㅁ

수를 어림하는 우리말 표현 익히기

어떤 것이 한 개나 두 개 정도 필요할 때 '한두 개'라고 말합니다. 여기에서는 수를 어림하여 말하는 우리말 표현에 대해 배워 보겠습니다. 다음 보기에서 해당 어림수에 맞는 우리말 표현을 찾아 빈칸에 쓰세요.

	네댓	서너	대여섯	일고여덟	예닐곱

01 1 ~ 2개   →   (한두) ∨ 개.

02 2 ~ 3개   →   (두세) ∨ 개.

03 3 ~ 4개   →   (   ) ∨ 개.

04 4 ~ 5개   →   (   ) ∨ 개.

05 5 ~ 6개   →   (   ) ∨ 개.

05 6 ~ 7개   →   (   ) ∨ 개.

06 7 ~ 8개   →   (   ) ∨ 개.

도움말

어림수인 '한두, 두세, 서너, … '는 한 단어이므로 붙여 쓰고, '개'는 단위 명사로 앞말과 띄어 씁니다.

 낱말 초성 퀴즈 2

01 순간적으로 어떤 행동을 하고 싶은 욕구를 느끼는 마음.

ㅊ	ㄷ

02 날마다 규칙적으로 하는 일정한 일.

일	ㄱ

9-2 어휘력 키우는 비슷한 말과 반대말

🐱 비슷한 말끼리 선 긋기 1

❶ 본거지 · · ㉠ 지옥

❷ 나락 · · ㉡ 날로

❸ 근래 · · ㉢ 근거지

❹ 나날이 · · ㉣ 요사이

🐱 비슷한 말끼리 선 긋기 2

❶ 낯간지럽다 · · ㉠ 뉘우치다

❷ 참회하다 · · ㉡ 노곤하다

❸ 짐작하다 · · ㉢ 부끄럽다

❹ 나른하다 · · ㉣ 넘겨짚다

 밑줄 친 낱말을 비슷한 말로 바꾸기

01 노련한 요리사는 <u>눈대중</u>만으로 양념을 넣었다.
　　 눈으로 보아 크기, 수량, 무게 등을 대강 짐작함.

ㄴ	ㅈ	작

02 우리 집은 이 골목 <u>끄트머리</u>의 파란색 대문이다.
　　 끝이 되는 부분.

ㄲ

03 시험에 떨어진 누나는 <u>낙담</u>에 빠졌다.
　　 바라던 일이 뜻대로 되지 않아 마음이 몹시 실망함.

ㅈ	ㅁ

04 학교 가는 길에 평소와는 다른 수상한 <u>낌새</u>를 느꼈다.
　　 어떤 일을 알아차리는 마음이나 일이 되어 가는 분위기.

눈	ㅊ

반대말끼리 선 긋기 1

❶ 득점 · · ㉠ 유명

❷ 불참 · · ㉡ 실점

❸ 무명 · · ㉢ 참석

❹ 가설 · · ㉣ 진리

 반대말끼리 선 긋기 2

❶ 개요 · · ㉠ 악덕

❷ 미혼 · · ㉡ 완비

❸ 미덕 · · ㉢ 전체

❹ 미비 · · ㉣ 기혼

 밑줄 친 낱말을 반대말로 바꾸기

01 여름 해수욕장은 휴가철인 7월에 개장한다.
어떤 장소를 이용할 수 있도록 영업을 시작함.

ㅍ	ㅈ

02 그 골목은 경사가 급한 오르막이라 힘들었다.
낮은 곳에서 높은 곳으로 이어지는 비탈진 곳.

ㄴ	ㄹ	ㅁ

03 조종사 두 명을 태운 유인 인공위성이 발사되었다.
차나 비행기, 우주선 등에 그것을 작동하고 운전하는 사람이 있음.

ㅁ	ㅇ

04 나룻배가 물길을 따라 하류로 흘러갔다.
강이나 내의 아래쪽 부분.

ㅅ	ㄹ

05 가정 경제에서 가장 큰 부담은 고액의 사교육비다.
많은 금액.

ㅅ	ㅇ

9-3 표현력 키우는 다양한 낱말 모음

낱말 찾아 문장 완성하기 1

저절로	어차피	맥없이	말끔히

01 우리는 제대로 된 공격 한번 못하고 (　　　　　) 무너졌다.
　　기운이 없이.

02 누군가 청소했는지 교실은 (　　　　　) 치워져 있었다.
　　티 없이 맑고 환할 정도로 깨끗하게.

03 합격 소식에 기분이 좋아 어깨춤이 (　　　　　) 났다.
　　다른 힘을 빌리지 아니하고 혼자 스스로.

04 네가 말하지 않아도 (　　　　　) 모두 알게 될 것이다.
　　이렇게 하든지 저렇게 하든지.

낱말 찾아 문장 완성하기 2

한껏	한낱	한창	한결

01 당첨이 안 된 복권은 (　　　　　) 휴지 조각에 불과하다.
　　기껏해야 대단한 것 없이 다만.

02 산에 놀러 오니 마음이 (　　　　　) 좋아졌다.
　　전보다 훨씬 더.

03 신선한 공기를 마시기 위해 숨을 (　　　　　) 들이켰다.
　　할 수 있는 데까지.

04 그 식당은 (　　　　　) 바쁠 때라서 배달이 안 된다.
　　어떤 일이 가장 활기 있고 왕성하게 일어나는 모양.

낱말 찾아 문장 완성하기 3

| 부디 | 사뭇 | 불과 | 실은 |

01 평소와 (　　　　　) 다른 집안 분위기에 긴장되었다.
　생각했던 것과 꽤 다르게.

02 선생님은 무서워 보이지만 (　　　　　) 재미있는 분이다.
　실제로는.

03 많은 양의 문제를 (　　　　　) 하루 만에 다 풀었다.
　그 수량에 지나지 아니한 상태임을 이르는 말.

04 할머니 (　　　　　) 오래오래 건강하세요.
　간절하게 바라건대.

 낱말 찾아 문장 완성하기 4

| 모름지기 | 남김없이 | 너그러이 | 그야말로 |

01 후배가 모르고 한 잘못이라 (　　　　　) 용서했다.
　남의 상황을 잘 이해하고 마음을 넓게.

02 배가 고팠는지 아이는 밥을 (　　　　　) 비웠다.
　하나도 빼지 아니하고 모두 다.

03 자식은 (　　　　　) 부모의 은혜를 알아야 한다.
　도리를 따져 보건대 마땅히.

04 한라산의 눈꽃은 (　　　　　) 장관이었다.
　전달하고자 하는 사실을 강조할 때 쓰는 말.

9-4 공통으로 들어갈 낱말 찾기

다음은 같은 모양의 한 글자 낱말이지만, 다양한 상황에서 사용되는 낱말에 대해 알아보겠습니다.
아래 예문에 공통으로 들어갈 알맞은 낱말을 찾아 쓰세요.

지	틈	채	셈	투

01

- **벌어져 사이가 생긴 자리.**
  - 예 물통의 갈라진 ☐에서 물이 새어 나왔다.

- **모여 있는 사람의 속.**
  - 예 사람들 ☐에 끼어 길거리 공연을 보았다.

- **어떤 행동을 할 만한 기회.**
  - 예 아이들은 ☐만 생기면 휴대폰 게임을 하기 바쁘다.

02

- **주고받을 돈이나 물건 따위를 서로 따져 밝히는 일.**
  - 예 민찬이는 ☐이 정확해 계산기가 필요 없다.

- **어떤 형편이나 결과를 나타내는 말.**
  - 예 처음 배운 것 치고는 잘한 ☐이다.

- **미루어 가정함을 나타내는 말.**
  - 예 속은 ☐치고 다시 도전해 보자.

03

- **말이나 글, 행동 따위에서 버릇처럼 굳어지거나 특별하게 나타나는 방식.**
  - 예 가게 주인은 말하는 ☐가 퉁명스럽다.

9-5 헷갈리는 맞춤법 완전 정복

틀린 낱말 찾아 바르게 고치기

다음 문장에서 잘못된 맞춤법 찾아 밑줄을 긋고 바르게 고치세요.

01 입학한 지가 엊그재 같은데 벌써 졸업이다.   (   )

02 나는 살고기를 많이 넣은 카레를 좋아한다.   (   )

03 어젯밤 세 시간밖에 못 자서 너무 졸립다.   (   )

04 반찬을 골고루 않 먹어서 혼났다.   (   )

05 창문에 있는 커텐을 걷자 방안이 환해졌다.   (   )

헷갈리는 낱말에서 맞게 고르기

문장을 잘 읽어 보고 두 개 중 맞춤법에 맞는 낱말을 고르세요.

01 그림 바탕을 ⌈ 파란색 / 파랑색 ⌋ 크레파스로 색칠했다.

02 친구가 자전거에 부딪혔지만 ⌈ 다행이 / 다행히 ⌋ 다치지는 않았다.

03 너무 무리하게 운동을 했는지 ⌈ 이튼날 / 이튿날 ⌋ 몸살이 났다.

04 좋은 자리를 맡기 위해 아침 ⌈ 일찍이 / 일찌기 ⌋ 나왔다.

05 강아지의 무게가 ⌈ 자그마치 / 자그만치 ⌋ 이십 킬로그램이 넘었다.

9-6 겹받침 있는 낱말 소리내기

앞에서는 받침이 하나인 낱말의 소리 내는 방법을 배웠습니다. 이번에는 서로 다른 두 개의 자음으로 이루어진 겹받침의 소리 내는 방법을 알아보겠습니다.

| ㄳ | ㄵ | ㄶ | ㄺ | ㄻ | ㄼ | ㄽ | ㄾ | ㄿ | ㅀ | ㅄ |

겹받침 두 개의 자음 중 앞에 있는 자음이 소리 나는 것이 원칙이지만, 상황에 따라 달라집니다. 때에 따라서는 뒤에 있는 자음이 소리 나는 겹받침도 있습니다.

앞 자음이 소리 나는 경우	뒤 자음이 소리 나는 경우
몫 ➡ [목] 앉다 ➡ [안따] 끊다 ➡ [끈타]	삶 ➡ [삼] 닭 ➡ [닥] 읊다 ➡ [읍따]

낱말을 읽을 때 겹받침 뒤의 첫소리가 된소리(ㄲ, ㄸ, ㅃ, ㅆ, ㅉ)로 소리 나는 경우에는 발음대로 쓸 때 된소리로 써 줍니다.

기초 연습 다음 낱말을 소리 나는 대로 쓰세요.

01 넋 ➡ [   ]

02 얹다 ➡ [   ]

03 여덟 ➡ [   ]

04 넓다 ➡ [   ]

05 핥다 ➡ [   ]

06 앓다 ➡ [   ]

겹받침 'ㄺ + 자음' 소리내기

겹받침 'ㄺ'과 'ㄼ' 뒤에 자음이 오면 두 받침 중 하나만 소리 납니다. 예를 들어, '읽다'의 경우 겹받침 'ㄺ'과 뒷말(다)의 첫소리 'ㄷ'이 만나 겹받침 중 'ㄱ'만 소리 나서 [익따]로 소리 납니다.

 겹받침 'ㄺ + 모음' 소리내기

겹받침 'ㄺ' 뒤에 모음이 오면 앞 받침만 남고 뒤 받침은 뒷말로 넘어갑니다. 예를 들어 '읽은'의 겹받침 'ㄺ'과 뒷말(은)의 첫소리 'ㅇ'이 만나면, 앞말에는 앞 받침인 'ㄹ'이 남고, 뒤 받침은 뒷말 첫소리로 넘어가 [일근]으로 소리 납니다.

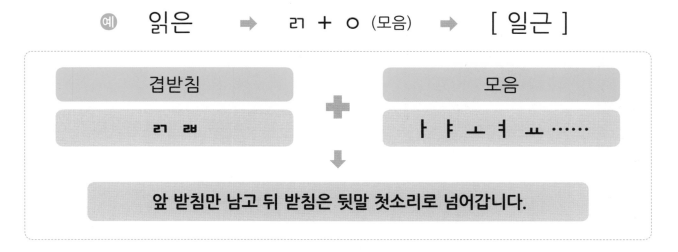

실전 연습 다음 밑줄 친 낱말을 소리 나는 대로 쓰세요.

01 시냇물이 **맑아요**.　　　　　　　[　　　　　　　　]

02 **흙을** 덮어요.　　　　　　　[　　　　　　　　]

03 달이 아주 **밝다**.　　　　　　　[　　　　　　　　]

04 **밝은** 빛에 눈이 부시다.　　　　　[　　　　　　　　]

05 마당이 아주 **넓다**.　　　　　　　[　　　　　　　　]

06 **넓은** 정원에 꽃이 피다.　　　　　[　　　　　　　　]

07 책이 너무 **얇다**.　　　　　　　[　　　　　　　　]

08 **얇은** 이불을 덮다.　　　　　　　[　　　　　　　　]

09 감자가 알이 **굵다**.　　　　　　　[　　　　　　　　]

10 **굵은** 밧줄이 필요하다.　　　　　[　　　　　　　　]

9-7 글쓰기 실력 키우는 속담·관용어

다음 예문을 읽고 어울리는 속담과 관용어를 찾아 문장을 완성해 주세요.

| 게 눈 | 그림의 | 미운털 | 개 밥 | 약방에 | 장날 |
| 가는 날이 | 감초 | 감추듯 | 도토리 | 떡 | 박히면 |

01 안 좋은 선입관 때문에 어떤 짓을 하여도 밉게 보이는 것.

(   )이 (   ) 그 사람의 모든 것이 싫어진다.

02 따로 떨어져 여럿 속에 어울리지 못하는 사람을 비유하는 말.

(   )에 (   )처럼 혼자 밥을 먹었다.

03 아무리 마음에 들어도 차지할 수 없는 경우를 이르는 말.

매일 일하는 부모님에게 여행은 (   ) (   )이다.

04 어떤 일에 빠짐없이 끼어드는 사람이나 물건을 비유하는 말.

해영이는 (   ) (   )처럼 모든 모임에 참가한다.

05 어떤 일을 하려고 하는데 뜻하지 않은 일을 생긴 것.

백화점에 갔는데, (   ) (   )이라고 휴일이다.

06 음식을 허겁지겁 빨리 먹어 치움을 비유하는 말.

배가 고팠는지 음식을 (   ) (   ) 다 먹었다.

맞춤법 · 어휘력 국어 실력 10단원

10-1 알면 쓸모 있는 낱말 익히기

전통 한옥의 구조 익히기

행랑채 사랑채 안채 별채

01 양반 남자들이 공부하고 손님을 접대하는 방. (   )

02 여자들의 공간으로 집안 가장 안쪽에 위치한 방. (   )

03 손님을 치르기 위해 별도로 만들어진 공간. (   )

04 양반집의 입구에 있는 하인들의 거처이자, 창고와 외양간으로 쓰임.
(   )

낱말 초성 퀴즈 1

01 무엇을 씻거나 빨거나 하여 더러워진 물.

구	ㅈ	ㅁ

02 따뜻한 기운.

ㅇ	ㄱ

03 한집에서 함께 살면서 끼니를 같이하는 사람.

ㅅ	ㄱ

04 일정한 생각 없이 되는대로 하는 짓.

ㅈ	책

05 생각하고 궁리하다 알게 되는 것.

깨	ㄷ	ㅇ

농사 관련 낱말 익히기

| 탈곡 | 논갈이 | 모심기 | 김매기 |

01 벼가 잘 자라도록 농기구나 기계를 사용하여 논에 있는 흙을 파서 뒤집는 일.

( )

02 모판에 있는 벼의 싹인 모를 논으로 옮겨 심는 일. ( )

03 모가 잘 자랄 수 있도록 잡초를 뽑는 일. ( )

04 수확한 벼에서 쌀을 떼어 내고 껍질을 벗겨 내는 일. ( )

 낱말 초성 퀴즈 2

01 반질반질하고 매끄러운 기운.

| 윤 | ㄱ |

02 독이 있는 성분. 독한 성질.

| ㄷ | ㅅ |

03 주기적으로 자꾸 되풀이하여 돎. 또는 그런 과정.

| 순 | ㅎ |

04 사물의 근본이 되는 정당한 방법과 과정.

| 원 | ㄹ |

05 시를 곁들인 그림.

| ㅅ | ㅎ |

05 마라톤 경기에서 선수들이 돌아오는 점을 표시한 표지.

| 반 | ㅎ | ㅈ |

10-2 어휘력 키우는 비슷한 말과 반대말

 비슷한 말끼리 선 긋기 1

❶ 각성하다 ·

❷ 가없다 ·

❸ 모질다 ·

❹ 유다르다 ·

· ㉠ 한없다

· ㉡ 각박하다

· ㉢ 각별하다

· ㉣ 의식하다

 비슷한 말끼리 선 긋기 2

❶ 가르다 ·

❷ 가련하다 ·

❸ 공허하다 ·

❹ 과분하다 ·

· ㉠ 불쌍하다

· ㉡ 넘치다

· ㉢ 갈라내다

· ㉣ 무의미하다

 밑줄 친 낱말을 비슷한 말로 바꾸기

01 끝없이 펼쳐진 벌판을 지나자 드디어 마을이 나타났다.
　 사방으로 펼쳐진 넓고 평평한 땅.

ㄷ	ㅍ

02 방학 때는 매일 늦잠 자고 빈둥거리며 나태한 생활을 한다.
　 행동이나 성격이 느리고 게으름.

태	ㅁ

03 제일 친한 친구에게 고민거리와 넋두리를 늘어놓았다.
　 자기의 처지나 신세를 하소연하며 길게 늘어놓는 말.

푸	ㄴ

04 뱃사공은 강기슭에 배를 대고 손님을 기다렸다.
　 강 양편 가장자리의 땅.

ㄱ	ㄱ

반대말끼리 선 긋기 1

❶ 결여 ·

❷ 개회 ·

❸ 경멸 ·

❹ 겉치레 ·

· ㉠ 내실

· ㉡ 충분

· ㉢ 폐회

· ㉣ 존경

 반대말끼리 선 긋기 2

❶ 고압 ·

❷ 고액 ·

❸ 고수 ·

❹ 고의 ·

· ㉠ 풋내기

· ㉡ 소액

· ㉢ 저압

· ㉣ 과실

🐰 밑줄 친 낱말을 반대말로 바꾸기

01 갑자기 무리하게 운동하면 근육이 <u>수축</u>하여 쥐가 난다.
　　줄어들거나 오그라들어 크기가 작아짐.

| ㅇ | 완 |

02 인간과 자연은 서로 <u>조화</u>를 이루며 살아야 한다.
　　서로 잘 어울림.

| ㅂ | ㅈ | ㅎ |

03 젊은이가 없는 농촌은 <u>농번기</u> 때 일손이 부족하다.
　　농사일이 매우 바쁜 시기.

| ㄴ | 한 | ㄱ |

04 계속된 친구의 거짓말에 <u>분노</u>를 느꼈다.
　　분개하여 몹시 화를 냄.

| 희 | ㅇ |

05 그녀는 분명히 <u>거부</u> 의사를 밝혔다.
　　요구나 제안 등을 받아들이지 않음.

| ㅇ | 납 |

10-3 표현력 키우는 다양한 낱말 모음

 낱말 찾아 문장 완성하기 1

도리어	이제껏	조만간	아마도

01 말을 안 하는 걸 보니 (　　　　　) 화가 난 모양이다.
짐작하여 생각하는 것.

02 (　　　　　) 한 번도 본 적 없는 광경이 펼쳐졌다.
지금까지를 강조하는 말.

03 돈이 모이는 대로 (　　　　　) 유럽으로 떠날 예정이다.
앞으로 머지않아 곧.

04 동생은 자기가 잘못해 놓고 (　　　　　) 나에게 화를 냈다.
예상이나 기대한 생각과는 반대되거나 다르게.

 낱말 찾아 문장 완성하기 2

마음껏	마땅히	오히려	마침내

01 어린이는 (　　　　　) 보호받아야 할 존재다.
그렇게 하거나 되는 것이 이치로 보아 옳게.

02 일요일에는 텔레비전 보며 (　　　　　) 쉬고 싶다.
마음에 흡족하도록.

03 반나절을 꼬박 걸어 (　　　　　) 목적지에 도착했다.
드디어 마지막에는.

04 지나친 운동은 (　　　　　) 건강을 해칠 수 있다.
일반적인 예상이나 기대와는 전혀 반대되거나 다르게.

낱말 찾아 문장 완성하기 3

| 어렴풋이 | 쓸데없이 | 어슴푸레 | 하마터면 |

01 어둠 속에 그의 얼굴이 (　　　　　) 드러났다.

　　빛이 약하거나 멀어서 어둑하고 희미한 모양.

02 일곱 살 때의 기억이 (　　　　　) 떠오른다.

　　기억이나 생각 따위가 뚜렷하지 아니하고 흐릿하게.

03 급하게 길을 건너다 (　　　　　) 차에 치일 뻔했다.

　　조금만 잘못하였더라면.

04 시간도 부족한데 (　　　　　) 남의 일에 참견하지 말아라.

　　아무런 쓸모나 득이 될 것이 없이.

 낱말 찾아 문장 완성하기 4

| 도무지 | 보아하니 | 기탄없이 | 보아한들 |

01 가져온 선물을 (　　　　　) 귀하고 비싼 물건 같다.

　　겉으로 보아서 짐작하건대.

02 다시 (　　　　　) 점수가 바뀔 것 같지 않다.

　　살펴본다고 한들.

03 그가 왜 도망갔는지 (　　　　　) 그 까닭을 알 수 없다.

　　아무리 해도.

04 그는 회의에서 (　　　　　) 자신의 의견을 말한다.

　　어려움이나 거리낌이 없이.

10-4 헷갈리는 맞춤법 완전 정복

틀린 낱말 찾아 바르게 고치기

다음 문장에서 잘못된 맞춤법 찾아 밑줄을 긋고 바르게 고치세요.

01 안으로 들어갈 수 있는 쪼고만 입구가 보였다. ( )

02 봄이 되면 들판에 아지랭이가 피어오른다. ( )

03 돋자리에 누워 푸른 가을 하늘을 감상한다. ( )

04 안내장에 부모님 싸인을 꼭 받아야 한다. ( )

05 풀밭에서는 배짱이의 울음소리가 들렸다. ( )

헷갈리는 낱말에서 맞게 고르기

문장을 잘 읽어 보고 두 개 중 맞춤법에 맞는 낱말을 골라 주세요.

01 아버지의 흰머리를 $\begin{bmatrix} 족집게 \\ 쪽집게 \end{bmatrix}$ 로 뽑아 드렸다.

02 시계가 고장 나서 $\begin{bmatrix} 하마트면 \\ 하마터면 \end{bmatrix}$ 학교에 지각할 뻔했다.

03 형은 가끔 $\begin{bmatrix} 짓궂은 \\ 짖궂은 \end{bmatrix}$ 장난으로 나를 괴롭힌다.

04 라면은 찌그러진 양은 $\begin{bmatrix} 남비 \\ 냄비 \end{bmatrix}$ 에 끓여야 맛있다.

05 비가 많이 왔지만, 공연을 성공적으로 $\begin{bmatrix} 치렀다 \\ 치뤘다 \end{bmatrix}$.

10-5 글 수정하는 교정 부호 익히기

글을 쓰고 난 후 잘못된 부분을 고치는 것을 '교정'이라고 하고, 어떻게 수정할지를 표시하는 것을 '교정 부호'라고 합니다. 교정 부호로 수정하면 다른 사람도 이해할 수 있으므로 교정할 때 활용해 보세요.

교정 부호	쓰임	교정 표시	교정 완성
	띄어 쓸 때	읽고싶은 책이 ➡	읽고 싶은 책이
	붙여 쓸 때	일 인용 침대가 ➡	일인용 침대가
	한 글자를 고칠 때	빤 기다란 널판지 ➡	기다란 널빤지
	여러 글자 고칠 때	졸이며 마음을 조리며 ➡	마음을 졸이며
	내용을 추가할 때	의 물체 모양 ➡	물체의 모양
	글자를 뺄 때	자기주장을 ➡	주장을
	줄을 바꿀 때	소리친다. "어머나!" ➡	소리친다. "어머나!"
	줄을 이을 때	평화를 염원한다. ➡	평화를 염원한다.
	앞뒤 순서를 바꿀 때	모두 우리 ➡	우리 모두

교정 부호로 내용 수정하기

아래 내용에서 잘못된 부분 세 군데를 교정 부호로 표시한 후, 원고지에 수정한 내용에 맞게 옮겨 쓰세요.

01

교정 부호 표시하기

> 식생활과 가장 관련이있는 옹기들로 항아리와 뚝배기가 있고,
> 일상 생활에서 쓰이는 시루과 약탕기가 있다.

원고지에 옮겨 쓰기

02

교정 부호 표시하기

> 이순신장군은 흩어져 있는 군사들에게 장소를 모이는
> 알리기 윙허여 연을 날렸다고 합니다.

원고지에 옮겨 쓰기

10-6 글쓰기 실력 키우는 속담 · 관용어

다음 예문을 읽고 어울리는 속담과 관용어를 찾아 문장을 완성해 주세요.

떠오르는	꼬리	병아리	눈 밖에	마침표

골목	눈물	찍었다	막다른	밟혔다	별

01 행적을 들키다.

범인은 방심하다가 경찰에게 (   )를 (   ).

02 신임을 잃고 미움을 받게 되다.

그는 약속을 지키지 않아 친구들의 (   ) 났다.

03 어떤 분야에 새로이 등장하여 두각을 나타내는 사람.

지아는 가요계의 (   ) (   )이다.

04 어떤 일이 끝장이 나거나 끝장을 내다.

지난 5년간의 분쟁이 오늘로 (   )를 (   ).

05 더는 어떻게 할 수 없는 절박한 경우를 비유하는 말.

이제는 해결할 방법이 없는 (   ) (   )이다.

06 매우 적은 수량을 비유적으로 이르는 말.

물이 (   ) (   )만큼 찔끔찔끔 나온다.

Foreign Copyright:
Joonwon Lee

Address: 3F, 127, Yanghwa-ro, Mapo-gu, Seoul, Republic of Korea
3rd Floor
Telephone: 82-2-3142-4151, 82-10-4624-6629
E-mail: jwlee@cyber.co.kr

매일 스스로 공부하는
맞춤법 어휘력 4단계

2018. 6. 18. 1판 1쇄 발행
2023. 3. 22. 1판 4쇄 발행

지은이 | 꿈씨앗연구소
펴낸이 | 이종춘
펴낸곳 | [BM] (주)도서출판 **성안당**
주소 | 04032 서울시 마포구 양화로 127 첨단빌딩 3층(출판기획 R&D 센터)
10881 경기도 파주시 문발로 112 파주 출판 문화도시(제작 및 물류)
전화 | 02) 3142-0036
031) 950-6300
팩스 | 031) 955-0510
등록 | 1973. 2. 1. 제406-2005-000046호
출판사 홈페이지 | **www.cyber.co.kr**
ISBN | 978-89-315-8927-6 (64710)
정가 | 12,000원

이 책을 만든 사람들
책임 | 최옥현
기획 · 진행 | 전수경, 정지현
교정 · 교열 | 안종군
표지 · 본문 디자인 | 상:想 company, 박현정
홍보 | 김계향, 유미나, 이준영, 정단비
국제부 | 이선민, 조혜란
마케팅 | 구본철, 차정욱, 오영일, 나진호, 강호묵
마케팅 지원 | 장상범
제작 | 김유석

■ **도서 A/S 안내**

성안당에서 발행하는 모든 도서는 저자와 출판사, 그리고 독자가 함께 만들어 나갑니다.
좋은 책을 펴내기 위해 많은 노력을 기울이고 있습니다. 혹시라도 내용상의 오류나 오탈자 등이 발견되면 "좋은 책은 나라의 보배"로서 우리 모두가 함께 만들어 간다는 마음으로 연락주시기 바랍니다. 수정 보완하여 더 나은 책이 되도록 최선을 다하겠습니다.
성안당은 늘 독자 여러분들의 소중한 의견을 기다리고 있습니다. 좋은 의견을 보내주시는 분께는 성안당 쇼핑몰의 포인트(3,000포인트)를 적립해 드립니다.
잘못 만들어진 책이나 부록 등이 파손된 경우에는 교환해 드립니다.

매일 스스로 공부하는

맞춤법 어휘력

매일 스스로 공부하는

맞춤법 어휘력

4단계
초등 3~4학년

정답 및 해설

BM (주)도서출판 성안당

맞춤법 어휘력

4단계
초등 3~4학년

BM (주)도서출판 성안당

정답 및 해설

1-1 알면 쓸모 있는 낱말 익히기

* 수의 범위 어림하기 1

01. 이상   02. 이하

03. 미만   04. 초과

* 기초 연습

01. 5, 6, 7, 8, 9, 10

02. 7세, 8세, 9세

03. 11번, 12번, 13번, 14번, 15번

* 수의 범위 어림하기 2

01. 포함   02. 포함   03. 포함

04. 포함   05. 불포함   06. 불포함

> **해설**
>
> '**이상**(以上)'의 '이(以)'는 '～로 부터'라는 뜻이고, '상(上)'은 '위'를 뜻하므로 기준부터 그 위를 의미합니다.
>
> '**이하**(以下)'의 '이(以)'도 '～로 부터'라는 뜻이고, '하(下)'는 '아래'를 뜻하므로, 기준부터 그 아래를 의미합니다.
>
> '**미만**(未滿)'의 '미(未)'는 '아니다'라는 뜻이고, '만(滿)'은 '가득차다'를 뜻하므로, 미만은 '차지 않다'를 의미하므로 기준을 포함하지 않습니다.
>
> '**초과**(超過)'의 '초(超)'는 '뛰어넘다'를 뜻하고, '과(過)'는 '초과하다'를 뜻하므로, 초과는 '기준을 포함하지 않고 뛰어넘다'를 의미합니다.

1-2 어휘력 키우는 비슷한 말과 반대말

* 비슷한 말끼리 선 긋기 1

1 억압 —— ㄴ 강압
2 궤변 —— ㄹ 역설
3 개량 —— ㄷ 개선
4 거금 —— ㄱ 천금

* 비슷한 말끼리 선 긋기 2

1 거동 —— ㄱ 행동
2 인공 —— ㄷ 가공
3 가루받이 —— ㄹ 수분
4 가타부타 —— ㄴ 왈가왈부

* 밑줄 친 낱말을 비슷한 말로 바꾸기

01. 씨앗   02. 동정

03. 이유   04. 등쌀

* 반대말끼리 선 긋기 1

1 길조 —— ㄷ 급락
2 급등 —— ㄹ 흉조
3 급성 —— ㄱ 만성
4 길몽 —— ㄴ 흉몽

* 반대말끼리 선 긋기 2

1 과대평가 —— ㄷ 과소평가
2 거부하다 —— ㄱ 승인하다
3 고귀하다 —— ㄹ 비천하다
4 개시하다 —— ㄴ 종료하다

* 밑줄 친 낱말을 반대말로 바꾸기

01. 독점   02. 중심   03. 흉년

04. 불신   05. 폐쇄

1-3 표현력 키우는 다양한 낱말 모음

＊ 낱말 찾아 문장 완성하기 1

01. 시큼한   02. 달짝지근한

03. 들쩍지근한   04. 뭉근한

＊ 낱말 찾아 문장 완성하기 2

01. 방임한   02. 관대한

03. 옹졸한   04. 당돌한

＊ 낱말 찾아 문장 완성하기 3

01. 온화한   02. 부산한

03. 진지한   04. 껄렁한

＊ 낱말 찾아 문장 완성하기 4

01. 독특한   02. 광범위한

03. 괴팍한   04. 근엄한

1-4 헷갈리는 맞춤법 완전 정복

＊ 틀린 낱말 찾아 바르게 고치기

01. 널빤지   02. 쩨쩨하게   03. 손사래

04. 꾀   05. 갓난아이

＊ 헷갈리는 낱말에서 맞게 고르기

01. 거르는   02. 핑계   03. 간질이다

04. 귓속   05. 깎아

1-5 비슷해 보이지만 서로 다른 낱말

＊ 알갱이와 알맹이

01. 땅콩 <u>알맹이</u>   02. 쌀 <u>알갱이</u>

03. 호두 <u>알맹이</u>   04. 모래 <u>알갱이</u>

05. 보리 <u>알갱이</u>   06. 소라 <u>알맹이</u>

＊ 닫다와 닿다

01. 닿는다   02. 닫다

1-6 의존 명사 띄어쓰기

＊ 띄어쓰기 기초 연습

01.

| | 말하는 | | 이가 | | 누구지 | ? | | | |

02.

| | 느낀 | | 바를 | | 말해라 | . | | | |

03.

| | 만난 | | 지도 | | 오래되었다 | . | | | |

＊ 띄어쓰기 실전 연습

01.

| | 사람들 | | 틈에 | | 끼어 | | 길거리 | | 공 |
| 연을 | | 보았다 | . | | | | | | |

02.

| | 오랫동안 | | 낮잠을 | | 잤으니 | | 밤에ᵛ |
| 잠이 | | 올 | | 턱이 | | 없다 | . | | |

03.

| | 봄은 | | 이사 | | 철이라 | | 집을 | | 구하 |
| 기 | | 어렵다 | . | | | | | | |

> **해설**
>
> 01. '틈'은 어떤 일을 하다가 생각 따위를 다른 데로 돌릴 수 있는 시간적인 여유를 의미하는 의존 명사이므로 띄어 씁니다.
>
> 02. '턱'은 마땅히 그리하여야 할 까닭이나 이치를 의미하는 의존 명사이므로 띄어 씁니다.
>
> 03. '철'은 어떤 일을 하기 좋은 시기나 때를 의미하는 명사로 띄어 씁니다.

04.

| | 요리를 | | 처음 | | 배운 | | 것 | | 치고는ᵛ |
| 잘한 | | 편이다 | . | | | | | | |

05.

| | 일곱 | | 살 | | 동생은 | | 미운 | | 짓만 |
| 골라서 | | 한다 | . | | | | | | |

06.

	집	이		한		발	짝	씩		가	까	워	질	수	록	V
마	음	이		급	해	졌	다	.								

1-7 같은 모양 다른 뜻인 낱말 찾기

01. 인물　　　02. 배경　　　03. 회의

1-8 글쓰기 실력 키우는 속담·관용어

01. (눈에) (밟혀)

관용어 눈에 밟히다.

02. (눈) (하나) (깜짝)

관용어 눈 하나 깜짝 안 하다.

03. (귀에) (딱지가)

관용어 귀에 딱지가 앉다.

04. (귀가) (얇아서)

관용어 귀가 얇다.

2단원　　22~33쪽

2-1 알면 쓸모 있는 낱말 익히기

* 수량을 나타내는 단위 1

01. 축　　　　　02. 판
03. 괘　　　　　04. 쌈

* 낱말 초성 퀴즈 1

01. 국적　　　　02. 변두리
03. 이주자　　　04. 효행

* 수량을 나타내는 단위 2

01. 자밤　　　　02. 뼘
03. 줌　　　　　04. 폭

* 낱말 초성 퀴즈 2

01. 문맹률　　　　02. 자부심

2-2 어휘력 키우는 비슷한 말과 반대말

* 비슷한 말끼리 선 긋기 1

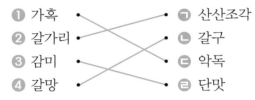

* 비슷한 말끼리 선 긋기 2

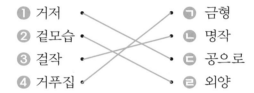

* 밑줄 친 낱말을 비슷한 말로 바꾸기

01. 협력　　　　02. 주위
03. 안내자　　　04. 느낌

* 반대말끼리 선 긋기 1

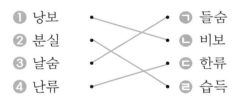

* 반대말끼리 선 긋기 2

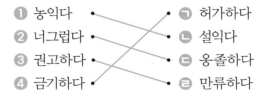

* 밑줄 친 낱말을 반대말로 바꾸기

01. 구속　　　02. 절약　　　03. 패배
04. 불명예　　05. 약점

2-3 표현력 키우는 다양한 낱말 모음

* 낱말 찾아 문장 완성하기 1

01. 뜨끔하다　　　　02. 성대하다

03. 인색하다　　　　04. 겸연쩍다

* 낱말 찾아 문장 완성하기 2

01. 지긋한　　　　　02. 난처한

03. 야릇한　　　　　04. 단호한

* 낱말 찾아 문장 완성하기 3

01. 안쓰러운　　　　02. 거침없이

03. 악착같이　　　　04. 두둔하던

* 낱말 찾아 문장 완성하기 4

01. 희한하게　　　　02. 침울하게

03. 애처롭게　　　　04. 야무지게

2-4 헷갈리는 맞춤법 완전 정복

* 틀린 낱말 찾아 바르게 고치기

01. 헬멧　　　02. 번번이　　　03. 건더기

04. 프라이팬　　05. 고마워요

* 헷갈리는 낱말에서 맞게 고르기

01. 끼어들어서　02. 남녀　　　03. 트림

04. 갈가리　　　05. 녹이다

2-5 비슷해 보이지만 서로 다른 낱말

* 꽁지와 꽁무니

01. 꽁지　　　　　　02. 꽁지

03. 꽁무니　　　　　04. 꽁무니

* 발견과 발명

01. 발명　　　　　　02. 발견

03. 발견　　　　　　04. 발명

2-6 쓰임에 따라 달라지는 띄어쓰기

* '대로' 띄어 쓰거나 붙여쓰기

01.

| 그는 | 명령하는 | 대로 | 움직였다. |

02.

| 배운 | 방법대로 | 요리를 | 했다. |

* '만큼' 띄어 쓰거나 붙여쓰기

01.

| 그 | 영화는 | 기대만큼 | 재미있지 |
| 는 | 않았다. |

02.

| 남에게 | 받은 | 만큼 | 돌려주자. |

* 띄어쓰기 실전 연습

01.

| 미세먼지에 | 대한 | 대책이 | 계획 |
| 대로 | 시행되지 | 않았다. |

02.

| 공연장은 | 숨소리가 | 들릴 | 만큼 V |
| 조용했다. |

해설

01. '계획'이라는 명사 다음에 '대로'는 조사 역할이므로 '계획대로'로 붙여 씁니다.

02. '들릴'이라는 다음에 '만큼'은 의존 명사이므로 '들릴 만큼'으로 띄어 씁니다.

03.

| 국회의원들은 | 약속한 | 대로 | 공 |
| 약을 | 지켜야 | 한다. |

04.

| 산에서 | 만난 | 멧돼지는 | 사람만 |
| 큼 | 키가 | 크고 | 무서워 | 보였다. |

05.

| 경주에 | 최씨 | 성을 | 가진 | 아주 V |
| 큰 | 부자가 | 살았습니다. |

성씨의 경우 특정 사람을 지칭할 때는 띄어 쓰고, 성씨 자체를 의미 할 때는 붙여 씁니다. 옆집에 사는 사람을 말할 때는 '최 씨'라고 띄어 씁니다. 하지만 05번과 같이 최씨라는 성씨를 말할 경우에는 '최씨'로 붙여 씁니다.

06.

	꽤	무	거	워		보	이	는		종	이		상	자
가		서	른		개	쯤		있	었	다	.			

2-7 같은 모양 다른 뜻인 낱말 찾기

01. 대기   02. 비행   03. 계통

2-8 글쓰기 실력 키우는 속담·관용어

01. (이를) (악물다)

관용어 이를 악물다.

02. (코 묻은 돈)

관용어 코 묻은 돈.

03. (코가) (꿰이었는지)

속담 코가 꿰이다.

소를 길들이기 위해 소의 두 콧구멍 사이를 꿰뚫어 나무 고리인 코뚜레를 겁니다. 소는 그 통증 때문에 주인이 부리는 대로, 주인의 말에 복종해야 합니다. 속담 '코가 꿰이다.'는 다른 사람에게 약점을 잡혀 꼼짝할 수 없는 상황을 말합니다.

04. (콧등이) (시큰하며)

관용어 콧등이 시큰하다.

05. (숨통을) (조이고)

관용어 숨통을 조이다.

06. (팔을) (걷어붙이고)

관용어 팔을 걷어붙이다.

3단원   34~45쪽

3-1 알면 쓸모 있는 낱말 익히기

* 수량을 나타내는 단위 3

01. 사리   02. 두름
03. 타래   04. 다발

* 낱말 찾아 문장 완성하기

01. 눈초리   02. 눈총
03. 눈길   04. 눈살

* 낱말 초성 퀴즈

01. 말문   02. 하품   03. 암호
04. 작전   05. 수색   06. 사건
07. 비명

3-2 어휘력 키우는 비슷한 말과 반대말

* 비슷한 말끼리 선 긋기 1

❶ 걷잡다   ㉠ 수수하다
❷ 검소하다   ㉡ 방정맞다
❸ 게우다   ㉢ 어림잡다
❹ 경망하다   ㉣ 토하다

* 비슷한 말끼리 선 긋기 2

❶ 경사지다   ㉠ 멸시하다
❷ 고독하다   ㉡ 힐끗거리다
❸ 경시하다   ㉢ 비탈지다
❹ 곁눈질하다   ㉣ 고적하다

* 밑줄 친 낱말을 비슷한 말로 바꾸기

01. 단지   02. 과제
03. 발달   04. 요청

* 반대말끼리 선 긋기 1

❶ 간헐적 • • ㉠ 객관적
❷ 주관적 • • ㉡ 논리적
❸ 이상적 • • ㉢ 지속적
❹ 직관적 • • ㉣ 현실적

* 반대말끼리 선 긋기 2

❶ 도외시하다 • • ㉠ 낙선되다
❷ 당선되다 • • ㉡ 민감하다
❸ 단축하다 • • ㉢ 중시하다
❹ 둔감하다 • • ㉣ 연장하다

* 밑줄 친 낱말을 반대말로 바꾸기

01. 노동   02. 독백   03. 부정적
04. 겁   05. 장점

3-3 표현력 키우는 다양한 낱말 모음

* 낱말 찾아 문장 완성하기 1

01. 시무룩한   02. 카랑카랑한
03. 꼬장꼬장한   04. 뚱딴지같은

* 낱말 찾아 문장 완성하기 2

01. 곁들이다   02. 도약하다
03. 도피하다   04. 독촉하다

* 낱말 찾아 문장 완성하기 3

01. 경외하다   02. 경악하다
03. 경청하다   04. 경박하다

* 낱말 찾아 문장 완성하기 4

01. 고리타분한   02. 고만고만한
03. 고분고분한   04. 고지식한

3-4 헷갈리는 맞춤법 완전 정복

* 틀린 낱말 찾아 바르게 고치기

01. 돌부리   02. 곰곰이   03. 메말라
04. 깨끗이   05. 바통(배턴)

* 헷갈리는 낱말에서 맞게 고르기

01. 담그니   02. 개구쟁이   03. 움큼
04. 메고   05. 샌들

3-5 비슷해 보이지만 서로 다른 낱말

* 계발과 개발

01. 계발   02. 개발
03. 계발   04. 개발

해설

01과 03은 사람의 능력이나 재능을 발전시키는 것이므로 '계발'이 맞습니다. 02와 04는 국토나 기술을 발전시키는 것이므로 '개발'이 맞습니다.

* 토의와 토론

01. 토론   02. 토의
03. 토의   04. 토론

해설

찬성과 반대의 논리를 펼치는 것은 '토론'이고, 좋은 해결책을 함께 이야기 나누는 것은 '토의'입니다. 어은 스마트폰 사용에 대한 찬반이므로 '토론'이고, 04는 안락사 문제에 대한 찬반을 논쟁하므로 '토론'입니다.

3-6 쓰임에 따라 달라지는 띄어쓰기

* '들' 띄어 쓰거나 붙여쓰기

01.

| 소 | , | 개 | , | 돼지 | 들을 | | 키운다 | . | |

02.

| 너희들이 | | 해야 | | 할 | | 일이다 | . | |

* '뿐' 띄어 쓰거나 붙여쓰기

01.

| 믿을 | | 것은 | | 실력뿐이다 | . | | |

02.

| 앞만 | | 보고 | | 걸을 | | 뿐이다 | . | |

* 띄어쓰기 실전 연습

01.

	나	는		시	장	에	서		요	리	에		필	요	한	V
채	소	,		고	기	,		양	념		들	을		샀	다	.

02.

	우	리	들	은		태	극	기	를		드	높	이		치
켜	들	었	다	.										

03.

	우	리		민	족	의		소	원	은		평	화	로	운	V
통	일	뿐	이	다	.										

04.

	그	는		조	용	히		후	배	의		이	야	기	만
을		듣	고		있	을		뿐	이	다	.				

05.

	네		잎		클	로	버	의		꽃	말	은		행	운
입	니	다	.											

06.

	외	국	어	를		아	무		생	각		없	이		섞
어	서		쓸		때	가		너	무		많	다	.		

3-7 같은 모양 다른 뜻인 낱말 찾기

01. 기원   02. 조화   03. 한편

3-8 글쓰기 실력 키우는 속담 · 관용어

01. (어깨를) (나란히)

관용어 어깨를 나란히 하다.

해설

'어깨를 나란히 하다.'라는 표현은 나란히 서거나 나란히 서서 걸을 때 사용합니다. 서로 비슷한 지위나 힘을 가지고 있는 경우나 같은 목적으로 함께 하는 경우에도 쓰이는 표현입니다.

02. (손꼽아)

관용어 손꼽아 기다리다.

03. (간에) (기별도)

관용어 간에 기별도 안 가다.

04. (간도) (쓸개도)

관용어 간도 쓸개도 없다.

해설

우리 선조들은 과감한 기운이 간과 쓸개에서 나온다고 생각했어요. 그래서 겁이 없고 용감한 사람을 '간이 크다.'라고 합니다. 간도 쓸개도 없다는 말은 용기와 줏대가 없다는 뜻을 나타냅니다.

05. (발 디딜)

관용어 발 디딜 틈이 없다.

06. (발 벗고)

관용어 발 벗고 나서다.

 **4단원** 46~57쪽

4-1 알면 쓸모 있는 낱말 익히기

* 낱말 찾아 문장 완성하기

01. 빙하   02. 빙산
03. 쇄빙선   04. 내빙선

* 낱말 초성 퀴즈 1

01. 소굴   02. 개시
03. 입꼬리   04. 홈통

* 시의 형식을 이루는 요소 찾기

01. 시어   02. 운율
03. 행   04. 연

* 낱말 초성 퀴즈 2

01. 역할극   02. 혼잣말
03. 능청   04. 비위
05. 기세

4-2 어휘력 키우는 비슷한 말과 반대말

* 비슷한 말끼리 선 긋기 1

❶ 겹겹이 ·   · ㉠ 경종
❷ 경작지 ·   · ㉡ 독불장군
❸ 경적 ·   · ㉢ 첩첩이
❹ 고집불통 ·   · ㉣ 농경지

* 비슷한 말끼리 선 긋기 2

❶ 계몽하다 ·   · ㉠ 고달프다
❷ 착안하다 ·   · ㉡ 전통적
❸ 고단하다 ·   · ㉢ 깨우치다
❹ 고전적 ·   · ㉣ 고안하다

* 밑줄 친 낱말을 비슷한 말로 바꾸기

01. 탈   02. 이용   03. 상태   04. 초청

* 반대말끼리 선 긋기 1

❶ 보수적 ·   · ㉠ 이질적
❷ 독창적 ·   · ㉡ 수동적
❸ 동질적 ·   · ㉢ 진보적
❹ 능동적 ·   · ㉣ 모방적

* 반대말끼리 선 긋기 2

❶ 모호하다 ·   · ㉠ 불신하다
❷ 약화되다 ·   · ㉡ 분명하다
❸ 신임하다 ·   · ㉢ 무용하다
❹ 유용하다 ·   · ㉣ 강화되다

* 밑줄 친 낱말을 반대말로 바꾸기

01. 이상   02. 단명   03. 본명
04. 허구   05. 소멸

4-3 표현력 키우는 다양한 낱말 모음

* 낱말 찾아 문장 완성하기 1

01. 대적할   02. 대등한
03. 대견한   04. 대담한

* 낱말 찾아 문장 완성하기 2

01. 돈독한   02. 독실한
03. 기이한   04. 기묘한

* 낱말 찾아 문장 완성하기 3

01. 돌파해서   02. 과장해서
03. 광대한   04. 당면한

* 낱말 찾아 문장 완성하기 4

01. 빠듯하다   02. 빠뜨리다
03. 빼어나다   04. 뼈저리다

4-4 헷갈리는 맞춤법 완전 정복

* 틀린 낱말 찾아 바르게 고치기

01. 만듦   02. 연거푸   03. 겨우내
04. 바비큐   05. 과녁

* 헷갈리는 낱말에서 맞게 고르기

01. 기울여   02. 깍두기   03. 가벼이
04. 봉숭아   05. 리더십

4-5 비슷해 보이지만 서로 다른 낱말

* 누명과 오명

01. 누명   02. 오명   03. 누명   04. 오명

> **해설**
>
> 죄가 없는데 억울하게 오해받는 것은 '누명'이고, 어떤 실수나 잘못으로 얻은 불명예의 경우 '오명'이라고 합니다. 01과 03은 죄가 없으므로 '누명'이 맞습니다. 02는 친일파 후손이라는 것은 사실이지만, 그 죗값을 갚기 위해 노력한다는 말이므로 '오명'이 맞습니다.

* 가지다와 지니다

01. 지니고   02. 가지고
03. 지니고   04. 가지고

4-6 쓰임에 따라 달라지는 띄어쓰기

＊ '만' 띄어 쓰거나 붙여쓰기

01.

| | 그 | 는 | | 이 | 틀 | | 만 | 에 | | 돌 | 아 | 왔 | 다 | . | |

02.

| | 나 | 는 | | 체 | 육 | 만 | | 좋 | 아 | 한 | 다 | . | | | |

＊ '지' 띄어 쓰거나 붙여쓰기

01.

| | 아 | 무 | 에 | 게 | 도 | | 말 | 하 | 지 | | 않 | 았 | 다 | . | |

02.

| | 밥 | | 먹 | 은 | | 지 | | 십 | | 분 | 도 | | 안 | | 됐 |
| 다 | . | | | | | | | | | | | | | | |

＊ 띄어쓰기 실전 연습

01.

| | 온 | | 가 | 족 | 이 | | 함 | 께 | | 여 | 행 | 하 | 는 | | 것 |
| 이 | | 몇 | | 년 | | 만 | 인 | 지 | | 모 | 르 | 겠 | 다 | . | |

02.

| | 그 | 는 | | 도 | 서 | 관 | 에 | 서 | | 공 | 부 | 할 | | 때 | |
| 꼭 | | 이 | | 자 | 리 | 만 | | 고 | 집 | 한 | 다 | . | | | |

03.

| | 나 | 는 | | 이 | 가 | | 아 | 파 | | 밥 | 을 | | 제 | 대 | 로∨ |
| 먹 | 지 | | 못 | 했 | 다 | . | | | | | | | | | |

04.

| | 학 | 교 | 를 | | 졸 | 업 | 한 | | 지 | | 이 | | 년 | | 만 |
| 에 | | 친 | 구 | 를 | | 만 | 났 | 다 | . | | | | | | |

05.

| | 안 | 쪽 | 에 | 는 | | 깨 | 진 | | 연 | 탄 | | 몇 | | 장 | 이∨ |
| 뒹 | 굴 | 고 | | 있 | 었 | 다 | . | | | | | | | | |

06.

| | 쉽 | 게 | | 닿 | 을 | | 수 | | 있 | 는 | | 곳 | 이 | | 아 |
| 니 | 어 | 서 | | 안 | 내 | 자 | 가 | | 필 | 요 | 하 | 다 | . | | |

4-7 같은 모양 다른 뜻인 낱말 찾기

01. 성화   02. 실패   03. 차례

4-8 글쓰기 실력 키우는 속담·관용어

01. (피가) (말랐다)

> **관용어** 피가 마르다.

02. (발등에) (불이)

> **관용어** 발등에 불이 떨어지다.

03. (뼈도) (못 추린다)

> **관용어** 뼈도 못 추리다.

> **해설**
>
> 죽은 뒤에 추릴 뼈조차 없을 만큼 상대와 싸움의 적수가 안 되어 손실만 보고 전혀 남는 것이 없다는 뜻입니다.

04. (뼈에) (사무치도록)

> **관용어** 뼈에 사무치다.

05. (살이 된다)

> **관용어** 피가 되고 살이 되다.

06. (피도) (눈물도)

> **관용어** 피도 눈물도 없다.

5단원 　58~69쪽

5-1 알면 쓸모 있는 낱말 익히기

＊ 글의 종류 찾기

01. 수필   02. 소설
03. 설명문   04. 논설문

＊ 모양에 따라 바뀌는 달 이름 찾기

01. 초승달   02. 상현달
03. 보름달   04. 하현달
05. 그믐달

5-2 어휘력 키우는 비슷한 말과 반대말

* 비슷한 말끼리 선 긋기 1

❶ 곤경 —— ㉢ 곧장
❷ 곧잘 —— ㉠ 제법
❸ 똑바로 —— ㉡ 난관
❹ 곪다 —— ㉢ 썩다

(①-㉡, ②-㉠, ③-㉢, ④-㉢)

* 비슷한 말끼리 선 긋기 2

❶ 곱절 —— ㉡ 갑절
❷ 몽상가 —— ㉢ 공상가
❸ 협박 —— ㉠ 공갈
❹ 공복 —— ㉢ 허기

* 밑줄 친 낱말을 비슷한 말로 바꾸기

01. 방향   02. 양분   03. 관습   04. 지역

* 반대말끼리 선 긋기 1

❶ 약식 —— ㉠ 정식
❷ 악평 —— ㉢ 호평
❸ 왕복 —— ㉢ 편도
❹ 우연 —— ㉡ 필연

* 반대말끼리 선 긋기 2

❶ 전진하다 —— ㉡ 후진하다
❷ 후하다 —— ㉢ 박하다
❸ 퇴임하다 —— ㉠ 취임하다
❹ 진화되다 —— ㉢ 퇴화되다

* 밑줄 친 낱말을 반대말로 바꾸기

01. 가속   02. 가입   03. 약소국
04. 약화   05. 수입

5-3 표현력 키우는 다양한 낱말 모음

* 낱말 찾아 문장 완성하기 1

01. 나긋나긋한   02. 나동그라져
03. 나지막한   04. 나른하고

* 낱말 찾아 문장 완성하기 2

01. 후텁지근하다   02. 흐리멍덩하다
03. 흐지부지하게   04. 흐느적거리는

* 낱말 찾아 문장 완성하기 3

01. 마땅찮다   02. 막연하다
03. 막중하다   04. 말미암아

* 낱말 찾아 문장 완성하기 4

01. 결단코   02. 무심코
03. 한사코   04. 하여튼

5-4 헷갈리는 맞춤법 완전 정복

* 틀린 낱말 찾아 바르게 고치기

01. 금세   02. 늑장   03. 가스레인지
04. 뜨개질   05. 아기

* 헷갈리는 낱말에서 맞게 고르기

01. 벚꽃   02. 꼬드겼다   03. 맺혔다
04. 본떠   05. 머리말

5-5 비슷해 보이지만 서로 다른 낱말

* 덥다와 덮다

01. 덮는다   02. 덥다
03. 덥고   04. 덮는다

* 두껍다와 두텁다

01. 두꺼운   02. 두터운
03. 두텁다   04. 두꺼워

> **해설**
> '두껍다'는 '층을 이루는 사물의 높이(두께)나 집단의 규모가 보통의 정도보다 크다.'를 뜻하는 낱말입니다. 04의 고객층은 집단의 규모이므로 '두꺼워'가 맞습니다.

5-6 쓰임에 따라 달라지는 띄어쓰기

＊'차' 띄어 쓰거나 붙여쓰기

01.

| | 유 | 학 | 차 | | 미 | 국 | 으 | 로 | | 떠 | 난 | 다 | . | |

02.

| | 제 | 일 | | 차 | | 세 | 계 | | 대 | 전 | 이 | 다 | . | |

＊'데' 띄어 쓰거나 붙여쓰기

01.

| | 그 | 가 | | 사 | 는 | | 데 | 를 | | 모 | 른 | 다 | . | |

02.

| | 비 | 가 | | 오 | 는 | 데 | | 나 | 가 | 야 | | 한 | 다 | . | |

＊ 띄어쓰기 실전 연습

01.

| | 이 | 제 | | 삼 | | 차 | | 면 | 접 | 만 | | 통 | 과 | 하 | 면 ∨ |
| 합 | 격 | 이 | 다 | . | | | | | | | | | | | |

02.

| | 제 | 자 | 들 | 이 | | 선 | 생 | 님 | | 댁 | 을 | | 수 | 십 | |
| 차 | | 방 | 문 | 했 | 다 | . | | | | | | | | | |

03.

| | 강 | 물 | 은 | | 높 | 은 | | 데 | 서 | | 낮 | 은 | | 데 | 로 ∨ |
| 흐 | 른 | 다 | . | | | | | | | | | | | | |

04.

| | 빨 | 리 | | 집 | 에 | | 가 | 야 | | 하 | 는 | 데 | | 버 | 스 |
| 가 | | 없 | 어 | | 못 | | 가 | 고 | | 있 | 다 | . | | | |

05.

| | 천 | 천 | 히 | | 서 | 너 | | 걸 | 음 | | 뒤 | 로 | | 물 | 러 |
| 선 | | 다 | 음 | | 멈 | 취 | 섰 | 다 | . | | | | | | |

06.

| | 임 | 원 | | 회 | 의 | 는 | | 여 | 덟 | | 시 | | 삼 | 십 | |
| 분 | 부 | 터 | | 시 | 작 | 이 | 다 | . | | | | | | | |

5-7 같은 모양 다른 뜻인 낱말 찾기

01. 끈기   02. 딱지   03. 고목

5-8 글쓰기 실력 키우는 속담·관용어

01. (꽁무니) (빼고)
관용어 꽁무니를 빼다.

02. (말꼬리) (잡고)
관용어 말꼬리를 잡다.

03. (엎드려) (절 받기)
속담 엎드려 절 받기.

04. (화살을) (돌렸다)
관용어 화살을 돌리다.

05. (고삐를) (늦추지)
관용어 고삐를 늦추다.

06. (수박) (겉 핥기)
속담 수박 겉 핥기.

> **해설**
> 수박의 맛있는 속을 먹지 않고, 딱딱한 수박의 겉만 핥고 있다는 뜻으로, 무언가를 건성으로 하는 것을 비유하는 속담입니다.

6단원   70~81쪽

6-1 알면 쓸모 있는 낱말 익히기

＊ 열두 띠 동물이 나타내는 시간 찾기

자 축 인 묘 진 사
오 미 신 유 술 해

6-2 어휘력 키우는 비슷한 말과 반대말

＊ 비슷한 말끼리 선 긋기 1

❶ 괜스레 •   • ㉠ 공식적
❷ 형식적 •   • ㉡ 공생
❸ 공존 •   • ㉢ 공연히
❹ 이바지 •   • ㉣ 공헌

6-3 표현력 키우는 다양한 낱말 모음

6-4 헷갈리는 맞춤법 완전 정복

6-5 비슷해 보이지만 서로 다른 낱말

6-6 낱말 바르게 소리내기

* 받침 [ㄷ / ㅌ / ㅅ / ㅆ / ㅈ / ㅊ / ㅎ]
  소리내기

01. 곧　　　02. 솓　　　03. 낟
04. 읻따　　05. 낟따　　06. 히읃

* 기초 연습

01. 닥따　　　　　02. 욷따

* 실전 연습

01. 석따　　　　　02. 닥꼬
03. 꺽찌　　　　　04. 돋짜리
05. 진꼬　　　　　06. 젇까락찔
07. 덥꼬　　　　　08. 복따
09. 깁찌　　　　　10. 늗짬

7단원　　　　　82~93쪽

7-1 알면 쓸모 있는 낱말 익히기

* 문장의 종류 찾기

01. 평서문　02. 의문문　03. 감탄문
04. 명령문　05. 청유문

* 실전 예문

01. 청유문　02. 의문문　03. 명령문
04. 평서문　05. 감탄문

* 우리말의 종류 찾기

01. 고유어　　　　02. 한자어
03. 외래어　　　　04. 외국어

* 낱말 초성 퀴즈

01. 속도　　　　　02. 성능
03. 온실　　　　　04. 수확
05. 재배

7-2 어휘력 키우는 비슷한 말과 반대말

* 비슷한 말끼리 선 긋기 1

❶ 민첩하다　　　　ㄱ 넘실거리다
❷ 유별나다　　　　ㄴ 날렵하다
❸ 너울거리다　　　ㄷ 별다르다
❹ 겸연쩍다　　　　ㄹ 남부끄럽다

* 비슷한 말끼리 선 긋기 2

❶ 낯설다　　　　　ㄱ 난폭하다
❷ 난해하다　　　　ㄴ 어렵다
❸ 과격하다　　　　ㄷ 생소하다
❹ 내걸다　　　　　ㄹ 앞세우다

* 밑줄 친 낱말을 비슷한 말로 바꾸기

01. 처지　　　　　02. 추수
03. 방법　　　　　04. 보람

* 반대말끼리 선 긋기 1

❶ 유심히　　　　　ㄱ 경직성
❷ 유동적　　　　　ㄴ 오름세
❸ 유연성　　　　　ㄷ 고정적
❹ 내림세　　　　　ㄹ 무심히

* 반대말끼리 선 긋기 2

❶ 끊다　　　　　　ㄱ 단출하다
❷ 길하다　　　　　ㄴ 거뜬하다
❸ 복잡하다　　　　ㄷ 잇다
❹ 뻐근하다　　　　ㄹ 흉하다

* 밑줄 친 낱말을 반대말로 바꾸기

01. 고향　　　　　02. 비관
03. 우기　　　　　04. 냉방
05. 존경

7-3 표현력 키우는 다양한 낱말 모음

* 낱말 찾아 문장 완성하기 1

01. 꼼짝없이　　　02. 느닷없이
03. 속절없이　　　04. 감쪽같이

* 낱말 찾아 문장 완성하기 2

01. 골똘히　　　02. 빠끔히
03. 공연히　　　04. 엄연히

* 낱말 찾아 문장 완성하기 3

01. 허비한　　　02. 유창한
03. 유력한　　　04. 우직한

* 낱말 찾아 문장 완성하기 4

01. 기민한　　　02. 기발한
03. 긴밀한　　　04. 긴박한

7-4 공통으로 들어갈 낱말 찾기

01. 턱　　　　　02. 철

7-5 헷갈리는 맞춤법 완전 정복

* 틀린 낱말 찾아 바르게 고치기

01. 낯선　　02. 깡충깡충　　03. 눈곱
04. 동녘　　05. 깁스

* 헷갈리는 낱말에서 맞게 고르기

01. 폭발　　02. 반가워　　03. 돋친
04. 출연　　05. 서비스

7-6 받침 뒤에 모음 낱말 소리내기

* 기초 연습

01. 무너　　　02. 마시
03. 거더　　　04. 꼬치

* 실전 연습

01. 모기　　　02. 어리니
03. 구넌　　　04. 미드미
05. 무리　　　06. 구르미

07. 이료일　　　08. 우름쏘리
09. 수프로　　　10. 부어키

7-7 같은 모양 다른 뜻인 낱말 찾기

01. 소화　　02. 사기　　03. 양식

7-8 글쓰기 실력 키우는 속담·관용어

01. (삼심육계) (줄행랑)
　　관용어 삼십육계 줄행랑을 치다.

02. (시치미) (뗀다)
　　관용어 시치미를 떼다.

> 해설
> 옛날에 매를 길들여 작은 동물이나 새를 잡는 매사냥이 있었어요. 매가 서로 바뀌거나 훔쳐가는 것을 막기 위해 매의 꽁지깃 속에 표지를 달았는데, 이것을 '시치미'라고 합니다. 그런데 매를 발견한 사람이 시치미를 떼어 버리고 자기 매라고 우기는 경우가 있었어요. 그래서 자기가 하고도 하지 않은 체하거나 알고 있으면서도 모르는 척하는 경우에 '시치미를 떼다'라고 표현합니다.

03. (뒤통수) (맞아)
　　관용어 뒤통수를 맞다.

04. (온실 속의) (화초)
　　관용어 온실 속의 화초.

05. (간이) (콩알만)
　　관용어 간이 콩알만 해지다.

06. (갈수록) (태산)
　　속담 갈수록 태산.

> 해설
> 작은 산을 넘고 가는데 더 높고 큰 산이 나타난다는 말로, 무슨 일을 해 나감에 있어서 점점 더 큰 어려움이 생기는 것을 말합니다.

8-1 알면 쓸모 있는 낱말 익히기

* 낱말 사이의 의미 관계 익히기
01. 유의어   02. 반의어
03. 상의어   04. 하의어

* 낱말 초성 퀴즈 1
01. 신선도   02. 빈말
03. 화해   04. 화실

* 기상 관련 어휘 찾기
01. 우박   02. 서리
03. 폭설   04. 냉해

* 낱말 초성 퀴즈 2
01. 분수   02. 텃밭   03. 무공해
04. 돌부리   05. 다수결

8-2 어휘력 키우는 비슷한 말과 반대말

* 비슷한 말끼리 선 긋기 1
❶ 노린내   •   • ㉠ 어림짐작
❷ 넋두리   •   • ㉡ 짐수레
❸ 눈대중   •   • ㉢ 누린내
❹ 달구지   •   • ㉣ 하소연

* 비슷한 말끼리 선 긋기 2
❶ 곤란하다 •   • ㉠ 뛰어나다
❷ 기발하다 •   • ㉡ 극심하다
❸ 기피하다 •   • ㉢ 난감하다
❹ 막심하다 •   • ㉣ 꺼리다

* 밑줄 친 낱말을 비슷한 말로 바꾸기
01. 용모   02. 진심
03. 판결   04. 요약

* 반대말끼리 선 긋기 1
❶ 기공식   •   • ㉠ 알맹이
❷ 대가족   •   • ㉡ 장끼
❸ 껍데기   •   • ㉢ 준공식
❹ 까투리   •   • ㉣ 핵가족

* 반대말끼리 선 긋기 2
❶ 임시   •   • ㉠ 사전
❷ 사후   •   • ㉡ 첨가
❸ 삭제   •   • ㉢ 정기
❹ 근시   •   • ㉣ 원시

* 밑줄 친 낱말을 반대말로 바꾸기
01. 졸작   02. 초면   03. 텃새
04. 풍요   05. 저압

8-3 표현력 키우는 다양한 낱말 모음

* 낱말 찾아 문장 완성하기 1
01. 살그머니   02. 새삼스레
03. 시시콜콜   04. 고스란히

* 낱말 찾아 문장 완성하기 2
01. 하여간   02. 예사로
03. 이다지   04. 그토록

* 낱말 찾아 문장 완성하기 3
01. 얼렁뚱땅   02. 여러모로
03. 마음대로   04. 그런대로

* 낱말 찾아 문장 완성하기 4
01. 마냥   02. 마구
03. 만날   04. 오죽

8-4 헷갈리는 맞춤법 완전 정복

* 틀린 낱말 찾아 바르게 고치기
01. 휴게실   02. 알맞은   03. 머지않아
04. 바래다주었다   05. 스펀지

* 헷갈리는 낱말에서 맞게 고르기

01. 짊어지고   02. 예닐곱   03. 펴고

04. 짖는다   05. 육개장

8-5 홑받침 바르게 소리내기

* 'ㄴ'과 'ㄹ'이 만나 [ㄹ]로 소리 나는 경우

01. 칼랄   02. 달라라

* 받침이 [ㅁ]으로 소리 나는 경우

01. 염머리   02. 임만

* 받침이 [ㅇ]으로 소리 나는 경우

01. 멍물   02. 망내

* 실전 연습 1

01. 방물관   02. 부엉문

03. 성는다   04. 궁민

* 실전 연습 2

01. 끈나고   02. 던니

03. 음뇨수   04. 날로

05. 줄럼끼   06. 삼 항년

07. 물랄리   08. 줌는

09. 암마당   10. 실래화

8-6 글쓰기 실력 키우는 속담·관용어

01. (꿀 먹은) (벙어리)

   속담 꿀 먹은 벙어리.

02. (달밤) (체조)

   관용어 달밤에 체조하다.

03. (바가지) (씌웠다)

   관용어 바가지를 씌우다.

04. (법 없이) (살)

   관용어 법 없이 살다.

05. (어안이) (벙벙)

   관용어 어안이 벙벙하다.

06. (찬바람이)

   관용어 찬바람이 일다.

 9단원   106~117쪽

9-1 알면 쓸모 있는 낱말 익히기

* 독립 운동 관련 낱말 익히기

01. 열사   02. 의사

03. 지사   04. 순국

* 실전 예문

01. 의사   02 열사

* 낱말 초성 퀴즈 1

01. 권리   02. 의무

* 수를 어림하는 우리말 표현 익히기

03. 서너   04. 네댓

05. 대여섯   06. 예닐곱

07. 일고여덟

* 낱말 초성 퀴즈 2

01. 충동   02. 일과

9-2 어휘력 키우는 비슷한 말과 반대말

* 비슷한 말끼리 선 긋기 1

❶ 본거지 •   • ㉠ 지옥
❷ 나락 •   • ㉡ 날로
❸ 근래 •   • ㉢ 근거지
❹ 나날이 •   • ㉣ 요사이

* 비슷한 말끼리 선 긋기 2

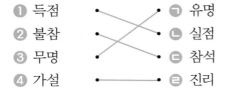

❶ 낯간지럽다
❷ 참회하다
❸ 짐작하다
❹ 나른하다

㉠ 뉘우치다
㉡ 노곤하다
㉢ 부끄럽다
㉣ 넘겨짚다

* 밑줄 친 낱말을 비슷한 말로 바꾸기

01. 눈짐작   02. 끝   03. 절망   04. 눈치

* 반대말끼리 선 긋기 1

❶ 득점
❷ 불참
❸ 무명
❹ 가설

㉠ 유명
㉡ 실점
㉢ 참석
㉣ 진리

* 반대말끼리 선 긋기 2

❶ 개요
❷ 미혼
❸ 미덕
❹ 미비

㉠ 악덕
㉡ 완비
㉢ 전체
㉣ 기혼

* 밑줄 친 낱말을 반대말로 바꾸기

01. 폐장   02. 내리막   03. 무인
04. 상류   05. 소액

9-3 표현력 키우는 다양한 낱말 모음

* 낱말 찾아 문장 완성하기 1

01. 맥없이   02. 말끔히
03. 저절로   04. 어차피

* 낱말 찾아 문장 완성하기 2

01. 한낱   02. 한결
03. 한껏   04. 한창

* 낱말 찾아 문장 완성하기 3

01. 사뭇   02. 실은
03. 불과   04. 부디

* 낱말 찾아 문장 완성하기 4

01. 너그러이   02. 남김없이
03. 모름지기   04. 그야말로

9-4 공통으로 들어갈 낱말 찾기

01. 틈   02. 셈   03. 투

9-5 헷갈리는 맞춤법 완전 정복

* 틀린 낱말 찾아 바르게 고치기

01. 엊그제   02. 살코기
03. 졸리다   04. 안
05. 커튼

* 헷갈리는 낱말에서 맞게 고르기

01. 파란색   02. 다행히
03. 이튿날   04. 일찍이
05. 자그마치

9-6 겹받침 있는 낱말 소리내기

* 기초 연습

01. 넉   02. 언따
03. 여덜   04. 널따
05. 할따   06. 알타

* 실전 연습

01. 말가요   02. 흘글
03. 박따   04. 발근
05. 널따   06. 널븐
07. 얄따   08. 얄븐
09. 국따   10. 굴근

9-7 글쓰기 실력 키우는 속담·관용어

01. (미운털) (박히면)
   관용어 미운털이 박히다.

02. (개밥) (도토리)
   속담 개밥에 도토리.

> 해설
>
> '개의 밥 속에 도토리가 있어도 개는 먹지 않고 남긴다.'는 뜻으로, 사람들 속에 끼지 못하고 혼자 있는 상황을 비유할 때 사용하는 속담입니다.

03. (그림의) (떡)
   관용어 그림의 떡.

04. (약방에) (감초)
   속담 약방에 감초.

> 해설
>
> 한약을 만들 때 감초를 넣는 경우가 많아 한약방에 감초가 반드시 있다는 데서 나온 속담으로, 어떤 일에 빠짐없이 끼어드는 사람 또는 꼭 있어야 할 물건을 비유할 때 쓰이는 속담입니다.

05. (가는 날이) (장날)
   속담 가는 날이 장날.

06. (게 눈) (감추듯)
   관용어 게 눈 감추듯.

 10단원 118~127쪽

10-1 알면 쓸모 있는 낱말 익히기

* 전통 한옥의 구조 익히기
01. 사랑채   02. 안채
03. 별채   04. 행랑채

* 낱말 초성 퀴즈 1
01. 구정물   02. 온기   03. 식구
04. 주책   05. 깨달음

* 농사 관련 낱말 익히기
01. 논갈이   02. 모심기
03. 김매기   04. 탈곡

* 낱말 초성 퀴즈 2
01. 윤기   02. 독성   03. 순환
04. 원리   05. 시화   06. 반환점

10-2 어휘력 키우는 비슷한 말과 반대말

* 비슷한 말끼리 선 긋기 1
1 각성하다 ——— ㉣ 의식하다
2 가없다 ——— ㄱ 한없다
3 모질다 ——— ㄴ 각박하다
4 유다르다 ——— ㄷ 각별하다

* 비슷한 말끼리 선 긋기 2
1 가르다 ——— ㄷ 갈라내다
2 가련하다 ——— ㄱ 불쌍하다
3 공허하다 ——— ㄹ 무의미하다
4 과분하다 ——— ㄴ 넘치다

* 밑줄 친 낱말을 비슷한 말로 바꾸기
01. 들판   02. 태만
03. 푸념   04. 강가

* 반대말끼리 선 긋기 1
1 결여 ——— ㄴ 충분
2 개회 ——— ㄷ 폐회
3 경멸 ——— ㄹ 존경
4 겉치레 ——— ㄱ 내실

* 반대말끼리 선 긋기 2

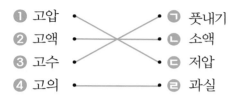

❶ 고압 • • ㉠ 풋내기
❷ 고액 • • ㉡ 소액
❸ 고수 • • ㉢ 저압
❹ 고의 • • ㉣ 과실

* 밑줄 친 낱말을 반대말로 바꾸기

01. 이완   02. 부조화   03. 농한기
04. 희열   05. 용납

10-3 표현력 키우는 다양한 낱말 모음

* 낱말 찾아 문장 완성하기 1

01. 아마도   02. 이제껏
03. 조만간   04. 도리어

* 낱말 찾아 문장 완성하기 2

01. 마땅히   02. 마음껏
03. 마침내   04. 오히려

* 낱말 찾아 문장 완성하기 3

01. 어슴푸레   02. 어렴풋이
03. 하마터면   04. 쓸데없이

* 낱말 찾아 문장 완성하기 4

01. 보아하니   02. 보아한들
03. 도무지   04. 기탄없이

10-4 헷갈리는 맞춤법 완전 정복

* 틀린 낱말 찾아 바르게 고치기

01. 조그만   02. 아지랑이   03. 돗자리
04. 사인   05. 베짱이

* 헷갈리는 낱말에서 맞게 고르기

01. 족집게   02. 하마터면   03. 짓궂은
04. 냄비   05. 치렀다

10-5 글 수정하는 교정 부호 익히기

* 교정 부호로 내용 수정하기

01. 교정 부호 표시하기

> 식생활과 가장 관련이 있는 옹기들로 항아리와 뚝배기가 있고, 일상 생활에서 쓰이는 시루과 약탕기가 있다.

원고지에 옮겨 쓰기

	식생활과	가장	관련이	있는	옹기들로	V
항아리와	뚝배기가	있고,	일상생활에서			
쓰이는	시루와	약탕기가	있다.			

02. 교정 부호 표시하기

> 이순신장군은 흩어져 있는 군사들에게 장소를 모이는 알리기 윙하여 연을 날렸다고 합니다.

원고지에 옮겨 쓰기

	이순신	장군은	흩어져	있는	군사들에	
게	모이는	장소를	알리기	위하여	연을	V
날렸다고	합니다.					

10-6 글쓰기 실력 키우는 속담·관용어

01. (꼬리) (밟혔다)
관용어 꼬리를 밟히다.

02. (눈 밖에)
관용어 눈 밖에 나다.

03. (떠오르는) (별)
관용어 떠오르는 별.

04. (마침표) (찍었다)
관용어 마침표를 찍다.

05. (막다른) (골목)
관용어 막다른 골목.

06. (병아리) (눈물)
관용어 병아리 눈물.

매일 스스로 공부하는

맞춤법 어휘력

정답 및 해설

BM Book Media Group

성안당은 선진화된 출판 및 영상교육 시스템을 구축하고
항상 연구하는 자세로 독자 앞에 다가갑니다.